FILOSOFÍA Y TEOLOGÍA
REFORMADA

FILOSOFÍA Y TEOLOGÍA REFORMADA

Réplica a *La filosofía de Ámsterdam*
de John M. Frame

ADOLFO GARCÍA DE LA SIENRA

NIÁGARA, ONTARIO
CANTAROINSTITUTE.ORG/ES

www.cantaroinstitute.org
Published by Cántaro Publications, a publishing imprint of the Cántaro Institute, Jordan Station, ON.

El *Cántaro Institute* es una organización evangélica reformada comprometida con el avance de la cosmovisión cristiana para la reforma y renovación de la iglesia y la cultura

Traducción al inglés por: Steven R. Martins.

Library & Archives Canada
ISBN: 978-1-990771-42-2

Printed in the United States of America

El Dr. Adolfo García de la Sienra Guajardo es Doctor en Filosofía por la Universidad de Stanford, California, y recibió el Doctorado *Honoris Causa* en Teología por el Seminario Teológico de Edinburg (Texas) debido a su distinguida carrera académica, en la que destaca la traducción de varios libros fundamentales de la filosofía de la idea de la ley, particularmente *Una nueva crítica del pensamiento teórico* de Herman Dooyeweerd. Es profesor investigador en el Instituto de Filosofía de la Universidad Veracruzana. El Dr. García de la Sienra tiene una vasta producción intelectual. Sus dos últimos libros son *A Structuralist Theory of Economics* (Londres, Routledge) y *La naturaleza de la fe* (Xalapa, Universidad Veracruzana). Ha impartido una multitud de conferencias en México, Canadá, Estados Unidos, Centroamérica Perú, Argentina, Chile y casi todos los países de Europa.

CONTENIDO

PRÓLOGO

En 1972 el profesor John M. Frame publicó un breve libro en el que hizo una serie de críticas a la filosofía de la idea de la ley (*Wijsbegeerte der Wetsidee* en neerlandés, en breve WdW), vulgarmente conocida como "filosofía reformacional", a la que él llamó "la filosofía de Ámsterdam". Nadie en los Países Bajos u otros países toma en serio dicho libro pero, dado que ha sido utilizado como caballito de batalla en México por personas poco dispuestas a estudiar seriamente la WdW, ya no digamos a argumentar racionalmente, he estimado apropiado responder las críticas y cuestionamientos de Frame. Los comentarios aquí incluidos no pretenden ser una crítica a la obra de Frame. Las referencias son a John M. Frame, *Crítica a la filosofía reformacional* (véanse las referencias al final).

Al pretender criticar la "filosofía de Ámsterdam", Frame cita autores que están en desacuerdo con su autor principal, Herman Dooyeweerd, en vez de ceñirse a lo que afirma éste. Eso es mala táctica en filosofía. Es como si para criticar a Hegel hubiera que criticar a los hegelianos que disienten de Hegel en algunos puntos. Por ende, en estas réplicas sólo me estaré ocupando de sus críticas al pensamiento de Dooyeweerd.

Quiero agradecer aquí las valiosas observaciones del Rvdo. Nehemías Morales Macario, así como los comentarios de los pastores Rvdos. Raymundo Villanueva, Saúl Rodríguez y Eder Palomo Hatem. La traducción al inglés estuvo a cargo del Rvdo. Steven Martins.

Para unificar las referencias al mismo texto, decidimos traducir las citas de la versión en español del libro del Profesor Frame.

Coatepec, Veracruz, 4 de enero de 2024

§1 El concepto de prolegómeno

Antes de entrar en materia, conviene hacer una digresión sobre el concepto de prolegómeno. El *Diccionario* de la Real Academia Española define el vocablo como "tratado que se pone al principio de una obra o escrito, para establecer los fundamentos generales de la materia que se ha de tratar después". Tanto los escolásticos medievales como los reformadores siempre consideraron importante un prolegómeno para el desarrollo de la teología sistemática. En los orígenes de las iglesias reformadas, los teólogos reformados y presbiterianos adoptaron la filosofía de Francisco Suárez como prolegómeno a la teología. Aproximadamente hasta el tiempo de la Paz de Westfalia (1648), los calvinistas neerlandeses estuvieron entrenados en la filosofía de Suárez, pues el prolegómeno estándar para la teología reformada en los Países Bajos era las *Disputaciones metafísicas* del filósofo jesuíta español. De hecho, el famoso poeta holandés Jacob Revius publicó en 1644 un compendio, *Suarez repurgatus*, para presentar un prolegómeno que él consideraba más apto para la teología reformada. Desde luego, desde Teodoro Beza toda la teología reformada se construyó sobre prolegómenos escolásticos, hasta la aparición de la filosofía moderna. La etapa de la escolástica protestante duró hasta finales del siglo XVII y tuvo representantes muy importantes como el mismo Beza, Francisco Turretino y Pedro Mártir Vermiglio.

Con el surgimiento de la filosofía moderna y particularmente de la Ilustración, los teólogos reformados encontraron en el racionalismo los nuevos prolegómenos a la teología, particularmente en Escocia. En los Países Bajos surgió en el siglo XX la filosofía WdW como un intento de superar la oleada filosófica moderna, la cual había desembocado en la Alta Crítica con Friedrich Schleiermacher (basada en la filosofía

11

de Kant y destructiva del calvinismo). La reacción de Karl Barth a este movimiento es pretender que la teología puede prescindir de la filosofía, lo cual desde luego no es el caso.

Cabría mencionar que en Escocia surgió la obra de James Orr, un presbiteriano que propuso también el desarrollo de una filosofía que no se apegara a los presupuestos humanistas de la Alta Crítica (véase su *The Christian View of God and the World*). Otro filósofo presbiteriano importante es Gordon Haddon Clark, quien publicó una notable cantidad de libros de filosofía y defendió una doctrina específica que él consideraba una filosofía cristiana. Si bien no elaboró un sistema de filosofía, Ronald H. Nash es otro pensador presbiteriano que escribió sobre temas filosóficos. Las posiciones filosóficas de estos pensadores se deben estudiar en un seminario reformado presbiteriano y se deben discutir racionalmente. A los sínodos (como el de Dordrecht) les corresponde discutir las confesiones de fe, no los prolegómenos a la teología.

Por lo demás, es un tanto irónica la guerra que han emprendido algunos presbiterianos en contra de la primera escuela en la historia de la filosofía occidental que explícitamente quiere presuponer el motivo religioso bíblico (gran aportación científica del calvinismo), a diferencia de todas las demás que se han usado y se siguen usando en los seminarios presbiterianos y reformados.

§2 Filosofía y teología

A Frame le parece que la necesidad de un prolegómeno implica que "la Escritura no habla directamente al científico sin la mediación de la filosofía, y ... que el filósofo tiene derecho a decirle al teólogo lo que la Escritura puede y no puede decirle" (pp. 26-7).

En realidad, para Herman Dooyeweerd (creador de la WdW) es exactamente al revés y en plena concordancia con las enseñanzas de la Reforma: la Escritura le habla al hombre común *sin la mediación de la filosofía* (o de la teología). El punto es que el conocimiento que brinda la Escritura no es una teoría (ni filosófica ni científica). Otra cosa es la teología sistemática, la cual desde luego presupone una u otra filosofía como prolegómeno (los críticos de la WdW tienen su propio prolegómeno, si bien oculto). Pero tanto el prolegómeno filosófico, como la misma teología, deben estar supeditados a la Escritura. Precisamente lo que defiende la WdW es que ¡la filosofía debe estar sometida a la Escritura! Volveremos a este tema hacia el final de este escrito.

§3 Naturaleza de la abstracción teórica

Dice Frame (p. 36) que "la idea (de la WdW) de que el pensamiento científico se caracteriza por la 'abstracción teorética' ...no es ninguna ayuda a menos que tengamos una definición de 'teorético'; ¡pero es lo que hemos buscado en vano!".

Con base en las afirmaciones de Dooyeweerd al respecto, es posible precisar un concepto relevante de teoreticidad, si hacemos uso de los desarrollos en la filosofía de la ciencia posteriores a la *Nueva crítica del pensamiento teórico*. Ejemplos muy claros de constructos teóricos sumamente abstractos son los modelos, los cuales son mundos parecidos al de la experiencia preteórica pero muy simplificados. Como el modelo de Newton tierra-luna, el cual consiste en dos esferas con la misma masa que la tierra y la luna pero sin irregularidades. O el modelo del consumidor en términos idealizados que le atribuyen información perfecta, preferencias consistentes y poderes computacionales ilimitados al agente. En estos modelos se aíslan determinaciones de la realidad y se ignoran los demás aspectos de la experiencia para concentrarse en algunas propiedades y relaciones "relevantes" al problema.

Grosso modo, una teoría científica es un conjunto de modelos que poseen una estructura axiomática compartida. La teoreticidad consiste en este grado de abstracción. Ofrezco una explicación más amplia de esto en mi "Estructuras, sistemas modelo y aplicabilidad empírica".

Y claro que tiene razón Frame al decir que hay varios grados de abstracción. Un grado bajo de abstracción (señalado por Frame) es la mera distinción de propiedades en la experiencia inmediata (como los colores de piedras que están siendo observadas). Otro más alto sería el de "separar" el concepto de color de las piedras para concebir un universal más general: el color. Otro sería el teorético ya descrito. Otro es un sistema de proposiciones abstractas y sistemáticas sobre un tópico determinado, como la naturaleza de la fe según la Escritura. Los alemanes se refieren a estos sistemas como *Wissenschaften*, ciencias. Pero esto no afecta en lo esencial a la WdW.

§4 ¿Existen las esferas?

Frame plantea las siguientes preguntas en relación con el concepto de modalidad o esfera: (1) ¿Son las esferas de la ley elementos del mundo real, o son simplemente formas en que los humanos perciben el mundo? (2) ¿Cómo se puede, por último, distinguir una esfera de otra, cuando en la postura de Dooyeweerd el "momento nuclear" de cada esfera, que la distingue de todas las demás, es indefinible? (3) ¿Por qué el universo debe estar ordenado en las esferas de leyes que describe Dooyeweerd?

Está bien claro que las modalidades son para Dooyeweerd parte de la estructura de la realidad pero ello no le parece claro a Frame, quien considera que es necesario demostrar la existencia de las mismas. Sin embargo, la demostración de la existencia de las modalidades y su distinción es el resultado de siglos de desarrollo de las ciencias y de argumentos filosóficos decisivos. Consideremos un ejemplo. Leibniz introdujo el programa logicista, el cual postula que la aritmética es reducible a la lógica. Para demostrar esto, Gottlob Frege desarrolló la lógica de primer orden e intentó derivar las proposiciones fundamentales de la aritmética a partir de la primera (Frege 1879, 1893). Pero Kurt Gödel (1930, 1931) demostró que la lógica de primer orden es completa, mientras que la teoría de la aritmética no lo es, y por lo tanto no es posible derivar la aritmética de la lógica. Es este tipo de resultados los que permiten ir delineando una distinción entre tipos de esferas nómicas.

Otros casos son los de la irreducibilidad de la geometría a la aritmética, de la dinámica a la cinemática, de la psicología a la biología. La distinción entre las esferas nómicas es el resultado de un largo proceso y no es una ocurrencia de Dooyeweerd. Filósofos de la ciencia materialistas como Mario Bunge (1967) o Igvar Johansson (2004) reconocen la diversificación de la realidad en modalidades (Bunge las llama "niveles"). ¿Por qué el universo debe estar ordenado en las esferas nómicas que describe Dooyeweerd? Pues porque esa es su estructura, si bien es una cuestión empírica si la ordenación de las esferas o su número es el correcto o debe ser modificado.

§5 ¿Es posible conocer la esencia de Dios?

A Frame le resulta inaceptable la tesis de que Dios está fuera de todo pensamiento teorético, y "tal vez" de la experiencia intuitiva o natural (p. 41). Observa que "Dooyeweerd dice que Dios es trascendente y supratemporal que nada puede decirse de él, cada palabra le limita" (p. 64). De allí concluye Frame que Dooyeweerd identifica al Dios de Jacob con el Dios no conocido de Hechos 17:23 (pp. 64-7), del cual sólo se podría hablar en figuras y del cual "ninguna predicación puede ser realmente verdadera" (p. 66). Frame termina con esto clasificando a Dooyeweerd de ¡escolástico!

Pero lo que Dooyeweerd quiere decir con esto no es más que la clásica tesis calvinista de que la esencia de Dios es incomprensible (*Institución* I, V, 1) y no puede ser por lo tanto objeto de especulación teórica (y tampoco de experiencia preteórica). En contra de la metafísica escolástica de Agustín, Anselmo y Tomás de Aquino, los reformadores enseñaron que de Dios sólo puede ser conocido lo que él quiere revelar de sí mismo, acomodándose a nuestras limitaciones cognitivas. Calvino insistió en que debemos limitarnos a saber lo que pertenece a la naturaleza (no a la esencia) de Dios; es decir a lo que él ha revelado: "los que quieren disputar qué cosa es Dios, no hacen más que fantasear con vanas especulaciones, porque más nos conviene saber cómo es, y lo que pertenece a su naturaleza" (*Institución* I, II, 3). De su esencia ha revelado, en particular, que es una Trinidad, una esencia con distinción real de personas o hipóstasis. Pero éste es un conocimiento que provee la Escritura y no uno obtenido mediante el estudio de la inescrutable esencia de Dios.

Dios se acomoda a nuestras limitaciones cognitivas: "Pues, ¿qué hombre con un poco de entendimiento no comprende que Dios, por así decirlo, balbucea al hablar con nosotros, como las nodrizas con sus niños para igualarse a ellos? Por lo tanto, tales maneras de hablar no manifiestan en absoluto cómo es Dios en sí, sino que se acomodan a nuestra rudeza, para darnos algún conocimiento de Él; y esto la Escritura no puede hacerlo sin ponerse a nuestro nivel y, por lo tanto, muy por debajo de la majestad de Dios" (*Institución* I, XIII, 1). Pero este balbuceo se da dentro del horizonte temporal pues efectivamente, como dice Dooyeweerd, nuestro pensamiento teórico está limitado al horizonte temporal.

Es probable que sea esta restricción del pensamiento teológico teórico a la naturaleza revelada de Dios lo que lleva a Frame a decir que ¡Dooyeweerd presupone que Dios es la realidad temporal creada! Es decir, según Frame, Dooyeweerd es un panteísta (o un pagano). Pero claro que Dooyeweerd nunca se cansa de afirmar que Dios está por encima del horizonte temporal. Lo que sostiene es que lo que el hombre puede *conocer* es solamente la revelación de Dios en su creación, en el horizonte temporal, incluyendo no solamente la Escritura, sino también la revelación general, en la cual se hacen manifiestos el eterno poder y divinidad de Dios. Sí hay predicaciones verdaderas acerca de la esencia de Dios, como que es trinitario, pero la Escritura nos llama a escudriñar su naturaleza, particularmente su revelación plena en Cristo Jesús, no su esencia.

Es notable que además de atribuir a Dooyeweerd esa cantidad de infundios, también le atribuye la aserción de que "Dios … es un concepto teórico conceptual" (p. 63). Es decir, según Frame, Dooyeweerd cree que Dios está fuera de todo pensamiento teórico pero es un concepto teórico.

§6 ¿Son arbitrarias las modalidades?

Frame parece quejarse de que "Dooyeweerd en sus aspectos modales nos dice que lo más complejo siempre presupone lo menos complejo" y al mismo tiempo cuestiona la versión de la organización de las modalidades propuesta por Dooyeweerd. De hecho, le parece que los aspectos modales son "categorías arbitrarias", "como si el mundo tuviera que comprimirse para adaptarse a las categorías del sistema" (p. 55); además se pregunta: "¿por qué deben organizarse en el orden preciso que Dooyeweerd sugiere?".

Hemos señalado en la sección 4 que la determinación de las modalidades y su ordenación es resultado del largo proceso de desarrollo de las ciencias. Frame tenía que haber admitido que al menos algunas modalidades, así como su ordenación, no son en lo absoluto arbitrarias. Por ejemplo, es del dominio universal la existencia de una modalidad física, para entender la cual se han desarrollado teorías sumamente sofisticadas y poderosas: la mecánica newtoniana, la mecánica cuántica, la termodinámica, la relatividad general. No hay una teoría que unifique el campo de la física, pero la búsqueda de tal teoría testifica que todos los científicos admiten que el campo está delimitado. Y está claro que los entes que encuentran su función cualificadora en la modalidad física son menos complejos, por ejemplo, que los seres vivos, los cuales, además de tener funciones físicas, también las tienen bióticas. Esto es tan obvio que no requiere mayor énfasis. Argumentos análogos a éste se pueden dar para las demás modalidades.

El problema es que Frame cree que "Dios no nos ha revelado la estructura del mundo creado" (p. 56). Pues claro que no aparece en la Escritura una explicación acerca de la estructura de la realidad y la interconexión entre las ciencias. Pero la revelación general da evidencias que permiten conocerla y elaborar teorías acerca de la misma. Dios no nos ha revelado tampoco la estructura de los átomos pero es posible indagar en la creación y llegar a conocerla. Si Frame tuviera razón, la investigación científica sería totalmente infructuosa; de hecho, sería imposible.

Discutiendo la limitación temporal del pensamiento teórico, Frame sugiere que hay objetos teóricos que son supratemporales e increados, como los pensamientos, las proposiciones y los números. Sin embargo, aludiendo a aquella limitación dice que "esta postura parece basarse en un uso equivocado de 'tiempo' que no tiene fundamento en el significado real de la palabra". Dejemos de lado la idea de significado real de una palabra (¿querrá decir "usual"?). Por supuesto que en el lenguaje filosófico encontramos palabras con significados técnicos que pretenden elucidar términos del lenguaje ordinario. Lo temporal en Dooyeweerd es lo que no es eterno, y por supuesto que las entidades "ideales" no son eternas.

La idea de que los pensamientos, los números o las proposiciones son increados y eternos es platónica. Bernhard Bolzano (1837), por ejemplo, hablaba de *Sätze an sich*, proposiciones en sí, sosteniendo que éstas eran eternas. Leibniz pensaba que los números era supratemporales, y Gottlob Frege (1892) pensaba que el "contenido objetivo del pensamiento" (*die objektiven Inhalt des Denkens*) era como las proposiciones de Bolzano. La posición WdW es que ninguna de esas entidades es eterna, sino que todas son creadas y su existencia depende de Dios. Frame, sin embargo, parece pensar que son divinas, supratemporales, eternas y, al ver que en efecto exhiben un orden (aritmético o lógico), infiere que lo supratemporal también debe poseer un orden. Por eso hace la pregunta retórica: "si lo temporal es ordenado ¿lo supratemporal es desordenado?" (p. 57).

Resulta aparente que el motivo religioso de Frame es platónico y por eso le resulta inadmisible la tesis de que el pensamiento teórico esté temporalmente limitado. Frame cree que el pensamiento teórico teológico se puede "elevar" (el término es mío) por encima de lo temporal, de la humana experiencia, para hurgar tanto la esencia de Dios como unos supuestos entes ideales supratemporales (Tomás de Aquino decía que las Formas platónicas eran ideas en la mente de Dios). La posibilidad de esa "elevación" es precisamente lo que niega la WdW.

§7 El corazón

En relación con la idea de corazón, Frame plantea un alud de preguntas (p. 58):

(1) ¿El corazón o el yo en cierto sentido "concentra" toda la experiencia humana? ¿En qué sentido?

(2) ¿Significa que el corazón es el que tiene todas las experiencias?

(3) ¿Significa que el corazón proporciona los conceptos universales por los cuales la experiencia es "unificada" (es decir, organizada, contabilizada, analizada, etcétera?

(4) ¿Quiere decir que el corazón de alguna manera percibe supratemporalmente lo que los sentidos perciben temporalmente?

(5) ¿Quiere decir que cualquier registro verdadero de la experiencia humana debe presuponer la existencia del corazón?

Las respuestas a estas preguntas son las siguientes.

Con respecto a (1), está claro que el ego tiene el poder de unificar experiencias disímbolas. Esto se manifiesta en la función que hace posible la común práctica de "atar cabos", o formar mapas geográficos o conceptuales. Sin un poder unificador central, esas experiencias quedarían inconexas y no podrían formar un mundo, esto es una cosmovisión. A nivel perceptual, esta función logra unificar impresiones o estímulos para referirlos a un mismo objeto, como cuando el sonido del tambor se asocia con la visión del movimiento de las baquetas. La enfermedad mental conocida como esquizofrenia consiste precisamente en la perturbación de esta función. Esto es tan obvio que resulta extraña la pregunta.

La respuesta a (2) es afirmativa: el corazón es el que tiene todas las experiencias de la *misma* persona. El corazón es el ser íntimo de la persona. ¿Cómo podría ser de otra manera?

La respuesta a (3) es negativa en WdW, pues WdW no cree en los conceptos innatos. Kant creía que la estructura del "sujeto trascendental" (sustituto humanista del corazón) incluía doce categorías apriori que organizaban la experiencia. Para Dooyeweerd, el apriori absolutamente trascendental de la experiencia humana es el orden temporal del mundo, no categorías innatas.[1] El corazón *elabora* los conceptos, a partir de la experiencia, y con ellos puede desde luego organizar mejor la misma experiencia. Eso es lo que hacen las ciencias.

Con respecto a (4), por virtud de su apertura hacia lo trascendente, el corazón puede efectivamente ver la creación como una totalidad, como un mundo. La imagen de éste se constituye a partir de la experiencia, incluyendo la percepción sensorial, pero el concepto de experiencia de la WdW no es reduccionista, como sí lo es por ejemplo el de David Hume. La experiencia en el sentido de la WdW permite, por ejemplo, la percepción de la belleza o de acciones virtuosas co-

---

[1] Cf. *Nueva crítica*, vol. 2, pp. 813 ss.

mo tales, y no meramente impresiones como las describe Hume o el empirismo lógico.

Finalmente, con respecto a (5), a pesar de que la Biblia insiste en que el corazón es el asiento del pensamiento, Frame se muestra sorprendido y perplejo ante la idea de que la experiencia deba presuponer la existencia del corazón (p. 59). Pero no hay nada más claro que eso en la Escritura: "[la Palabra de Dios] discierne los pensamientos y las intenciones del corazón" (Hebreos. 4:12); "Porque el corazón de este pueblo se ha engrosado ... Para que no vean con los ojos, Y oigan con los oídos, Y con el corazón entiendan" (Mateo 8:15); "Estaban sentados allí algunos de los escribas, los cuales cavilaban en sus corazones" (Marcos 2:6). Más aún: del corazón mana la vida (Proverbios 4:23). Hay alrededor de ochocientas figuraciones del término 'corazón' en la Escritura, las cuales muestran una consistente uniformidad de significado y concordancia con la concepción que del mismo tiene la WdW.

A pesar de tan manifiesta enseñanza, Frame no acierta a comprender lo que Dooyeweerd entiende por 'punto de referencia central' (p. 60). Pero está muy claro que no es otra cosa que el corazón. Como lo dice Gordon Spykman:

> El corazón representa el centro unificador de la entera existencia del hombre, el punto de concentración espiritual de nuestra ipseidad total, el núcleo reflexivo interno que da dirección a todas nuestras relaciones vitales. Es el manantial de todo nuestro querer, pensar, sentir, actuar y toda otra expresión vital. Es el nacimiento del cual fluye todo movimiento del intelecto, las emociones y la voluntad del hombre, así como de cualquier otra «facultad» o modo de nuestra existencia. En resumen, el corazón es el mini-yo. (*Reformational Theology*, p. 218)

Sin embargo, según Frame, "Dooyeweerd dice que ... el yo es un concepto teorético conceptual" (p. 63). Simplemente es incomprensible que pueda atribuirle eso a Dooyeweerd, cuando ya le había atribuido a éste la afirmación de que el pensamiento presupone la existencia del corazón. Por supuesto que para Dooyeweerd el corazón no es un concepto. Si el pensamiento presupone la existencia del corazón, los conceptos teóricos también, pues son pensamientos, de manera que Frame le está atribuyendo a Dooyeweerd la afirmación de que ¡el corazón presupone la existencia del corazón! Es decir, el corazón no puede llegar a existir si previamente no existe. Un verdadero galimatías.

Además, Frame afirma que "en Dooyeweerd existen mediadores de diversos tipos entre Dios y sus criaturas, como ...el corazón" (p. 67). ¿Cómo es posible que el corazón sea el mediador entre Dios y la criatura? El corazón *es* la criatura. Lo que le atribuye Frame es la afirmación de que la criatura es el mediador entre Dios y la criatura. Dooyeweerd jamás dijo semejante disparate, ni tampoco se deriva de su sistema. Es obvio y manifiesto que para Dooyeweerd sólo Cristo puede ser mediador entre Dios y la criatura.

A Frame le parece inaceptable la tesis de Dooyeweerd, en el sentido de que si el corazón del hombre no fuera supratemporal no podría tener comunión con Dios. Le parece que con esto la WdW ha diluido la distinción entre Dios y criatura (p. 61). Dooyeweerd de hecho también mantiene que si el corazón no fuera supratemporal no encontraríamos un punto de referencia central que trascendiera la diversidad de los aspectos modales. Como consecuencia, tampoco puede haber conocimiento conceptual del yo.

Creo que Frame tiene cierta razón aquí, pues es confusa la afirmación de que el corazón es supratemporal. Lo que quiere decir Dooyeweerd son dos cosas: (A) el corazón puede percatarse de que la realidad no se restringe a la realidad temporal sino que todo apunta hacia una divinidad trascendente. De hecho la Escritura refiere a la misma y además transmite información acerca de ella, como que consta de tres personas realmente distintas; y (B) esa apertura del ser finito y creado a la idea de una divinidad trascendente le permite mirar la realidad temporal como un todo. El corazón trasciende la diversidad de los aspectos modales en este sentido intencional y también en el sentido de que el hombre carece de función cualificadora, no de que se hace igual a Dios.

Frame también tiene razón al criticar el neokantismo de Dooyeweerd. No hay algo así como una "relación *Gegenstand*" basada en una supuesta ruptura de la irrompible (!) coherencia de los aspectos. Como Strauss (2019) lo ha señalado, no es posible tal ruptura y por ello "la mera idea de una síntesis intermodal es intrínsecamente *antinómica*" (ibídem: 183). Kant necesitaba una síntesis para procesar el material de la intuición sensible mediante las categorías y producir los fenómenos. Dooyeweerd no necesita tal síntesis porque la abstracción no perturba la realidad y los "fenómenos" existen independientemente de la actividad de la mente humana (cf. Apocalipsis 4:11). Como señala Strauss, la abstracción, la separación lógica objetiva que distingue y separa, "no suspende la irrompible coherencia entre los aspectos porque ella meramente identifica y distingue lo que sea que haya sido observado" (ibídem: 184). En efecto, la ontología no reduccionista de Dooyeweerd tiene "una perdurable solidez intrínseca, ¡no así su crítica trascendental infectada de kantismo!" (ibídem).

Tiene cierta razón Frame al señalar que Dooyeweerd no nos muestra una base clara para distinguir WdW de la posición kantiana (p. 51). Si su noción de síntesis fuera coherente y la síntesis efectivamente ocurriera, la distinción consistiría en lo siguiente: para Kant, la síntesis sería efectuada por el sujeto trascendental, el cual encuentra su función cualificadora en el aspecto analítico; para Dooyeweerd, el hombre no tiene función cualificadora en lo absoluto y el sujeto no es lógico, por lo que la síntesis la haría un ego que trasciende todas las modalidades. Pero si purgamos a la WdW del kantismo de Dooyeweerd (algo con lo que él hubiera estado de acuerdo eventualmente), podemos conservar su magnífica ontología y elevar sobre ella una epistemología totalmente diferente de la del filósofo de Königsberg.

§8 La ley

Hay tres significados del término 'Palabra de Dios' en la Escritura. Uno se refiere a la Escritura misma, la cual plasmada en la Biblia es en efecto llamada 'Palabra de Dios'. El segundo se refiere a Cristo mismo, el cual recibe la designación de 'Palabra de Dios' o 'Verbo de Dios'. El tercero se refiere a la Palabra-ley de Dios, esto es el sistema de leyes, normas y decretos que rigen el universo.

La interpretación griega de Juan 1:1 es que Cristo es el Logos entendido como Razón, como un especie de Demiurgo que crea todas las cosas. Esta interpretación es acorde con la filosofía de Platón, quien además afirmaba que el Demiurgo creaba conforme a los Ejemplares o Eidos. De aquí sólo hay un paso para sustituir, o más bien complementar, estos ejemplares con la Palabra-ley de Dios, y de esta manera sostener que la Palabra-ley es eterna, supratemporal e increada. Este paso ya lo había dado el gran filósofo neoplatónico Agustín, obispo de Hipona, quien distinguía tres tipos de leyes:

- *Lex æterna* (orden ordenador: *ordo ordinans*).
- *Lex naturalis* (orden ordenado: *ordo ordinata*).
- *Lex temporalis* (el derecho positivo).

Según Agustín, la *lex æterna* es un principio contenido en la mente de Dios (por lo tanto, es "parte" de la esencia de Dios). Es el plan conforme el cual Dios ordena y dirige todo el universo, desde lo más bajo hasta lo más alto y de aquí nuevamente a lo más bajo (son los decretos y ordenanzas de Dios). Es inmutable como Dios mismo. Sujeta tanto la naturaleza irracional como la racional del hombre y sólo el hombre puede captarla, pues encuentra su resplandor en el interior de su conciencia (alusión a Romanos 2:12-15) como *lex naturalis*. A pesar de la caída por el pecado original, permanece esta ley natural, al menos sus contornos, en la conciencia de los hombres. Su norma fundamental es la Regla de Oro: nunca debe hacerse a otro lo que uno no quiera que le hagan a sí mismo, ni tampoco debe exigirse de otro lo que uno mismo no está dispuesto a hacer. Según Verdross (1962: 80), San Agustín extrajo principalmente de los escritos de Cicerón la filosofía del derecho de la Antigüedad.[2]

La *lex temporalis* es el derecho positivo: normas pergeñadas y promulgadas por los humanos. Según Agustín, con fundamento en la *lex æterna* —la cual es conocida mediante la ley natural— se debe determinar lo que en cierta época debe quedar ordenado y prohibido. Es jurídicamente obligatoria sólo en tanto puede apoyarse en la ley divina pero tiene un carácter mutable, debido a su variabilidad según el tiempo y los lugares. El proceso social de su formulación es llamado el *momento dinámico* del derecho.

La otra interpretación de Juan 1:1 es que la afirmación de que Cristo Jesús es Palabra de Dios significa que él es la plena y perfecta revelación de Dios, "el resplandor de su gloria, y la imagen misma de su sustancia", Dios verdadero.

Afirma la Escritura que Cristo sustenta todas las cosas y todas las cosas en el subsisten (Hebreos 2:10; Colosenses 1:17). La palabra de su poder, con la que él sustenta todas las cosas, incluye el sistema de leyes, normas y decretos que rigen el universo (Salmo 119:91; 148:6). Pero una cosa es el sistema de leyes, normas y decretos que él ha promulgado y otra cosa es Cristo mismo. La ley de Dios es divina porque proviene de él, pero eso no significa que sea *increada*. Una ley es llamada humana porque es diseñada y promulgada por hombres, pero eso no significa que sea un hombre.

---

[2] Véanse en Verdross (1962: 105-107) las referencias que fundamentan esta descripción del pensamiento de Agustín.

Sin embargo, consistente con sus tendencias platonistas, Frame afirma que la ley de Dios es "esencialmente divina", con lo cual quiere decir que es increada. Esto equivale a decir que la ley de Dios es equiparada con Dios mismo. Y claro que eso es lo que sostiene Frame. Según él, "en la Biblia, la ley de Dios nunca es una cosa creada, o una estructura de las cosas" (p. 72). Y abunda:

> La Escritura habla con frecuencia de cómo la naturaleza obedece las ordenanzas de Dios (por ejemplo, Sal. 119:89-93), pero nunca habla de ninguna "estructura de la ley" u "orden de la ley" en la naturaleza. La naturaleza obedece la ley de Dios, pero ella no es la ley de Dios, ni es parte de la ley de Dios. Más bien, en las Escrituras, la ley de Dios es pura y simplemente divina. En ella la 'ley de Dios' es una frase que se refiere a la «Palabra de Dios» (note Sal. 119:89); y la «Palabra de Dios» es equiparada con Dios mismo en Juan 1:1.

Como puede verse, Frame es solidario de la concepción agustiniana de la ley de Dios, si bien parece desagradarle el concepto de ley positiva. Sin embargo, Juan Calvino no tenía ningún empacho en identificar la ley divina o "eterna" con la ley natural, procediendo a eliminar de esta manera, una manera que el mismo Guillermo de Occam hubiera envidiado, la idea platónica de la *lex æterna*. Decía el reformador:

> como quiera que la Ley de Dios que nosotros llamamos moral, no es otra cosa sino un testimonio de la ley natural y de la conciencia que el Señor ha imprimido en el corazón de todos los hombres, no hay duda que esta equidad de la que ahora hablamos queda en ella muy bien declarada. Así pues, esta equidad ha de ser el único blanco, regla y fin de todas las leyes. (*Institución* IV, XX, 16)

Y agrega:

> La equidad, como es algo natural, es siempre la misma para todas las naciones; y, por tanto, todas cuantas leyes hay en el mundo, referentes a cualquier cosa que sea, deben convenir en este punto de la equidad. (ibídem)

Si bien Calvino y los reformados en general han identificado la ley moral de Dios con la ley natural, Dooyeweerd jamás dijo que la *naturaleza* fuera parte de la *ley* de Dios. Frame no ha entendido ni siquiera el ABC de la WdW, una de cuyas enseñanzas básicas es la distinción entre el lado ley y el lado sujeto del cosmos. La naturaleza no es parte de la ley sino que *está sujeta a la ley*. Pues claro que "la naturaleza obedece la ley de Dios, pero ella no es la ley de Dios, ni es parte de la ley de Dios".

En segundo lugar, Dooyeweerd nunca ha dicho que haya una estructura de la ley u orden de la ley *en* la naturaleza. La hay en el cosmos, pero ya dijimos que el cosmos tiene dos lados. Es evidente que hay leyes por ejemplo físicas que rigen las cosas naturales. Lo que dice Frame implica que además de éstas hay una ley idéntica a Dios que gobierna los fenómenos naturales. Estamos ante una multiplicación innecesaria de las entidades. Aquí se aplica la Navaja de Occam y se elimina toda referencia a entidades platónicas.

En tercer lugar, Frame confunde los tres significados de 'Palabra de Dios' señalados al principio de esta sección. Una consecuencia de esta confusión es la afirmación de que la persona de Cristo Jesús es idéntica a la Escritura y a la ley natural. Esta absurda consecuencia debería despejar toda duda acerca de lo incorrecto de la platónica posición de Frame.

En cuarto lugar, está claro que Dios puso a su creación, además de la ley del amor (la cual es la ley natural, también expresada en el Decálogo), leyes modales específicas de dos tipos: leyes naturales y normas. Las leyes naturales son mandatos divinos que rigen a la naturaleza y que no requieren ser instrumentados por el hombre a diferencia de las normas, las cuales sí lo requieren. Estas leyes naturales y normas tienen una estructura que además puede ser investigada filosóficamente.[3] Hay teorías ontológicas acerca de las leyes que rigen

---

[3] Por lo tanto, tampoco forman parte de la esencia de Dios y no son "esencialmente divinas".

el cosmos.[4] Y se pueden plantear preguntas importantes e interesantes como la relativa al poder causal de las leyes (o de las cosas), a la relación entre leyes de modalidades diferentes, o a la conexión que hay entre normas y leyes para la naturaleza. Mucho de la ontología y la filosofía de la ciencia contemporáneas, incluyendo la WdW, trata desde luego del sistema de leyes que rigen el cosmos.

Respecto de las leyes y normas modales, Frame plantea las siguientes preguntas: ¿Es cierto que un estudio de la lógica, la historia, la lingüística, la sociología, la economía, la estética, la jurisprudencia, la ética o la teología producirá normas más allá de las que se encuentran en las Escrituras? ¿Es pecaminoso desobedecerlas?

Por supuesto que el estudio de las *Geisteswissenschaften* o humanidades permite formular multitud de normas para todas las actividades humanas. Por ejemplo, hay normas lógicas que marcan cómo evitar las falacias. Normas económicas para el uso óptimo de los recursos. Normas jurídicas pero en cantidades enormes. Frame se expresa como si fuera algo extraño a la vida humana la producción de tales normas, o como si quisiera deslindar la actividad legislativa humana de toda referencia a leyes emitidas por Dios. Para la WdW está claro que la positivación de una norma debe estar alineada a la correspondiente norma divina.

Su pregunta de si es pecaminoso desobedecerlas es interesante. Da el ejemplo de construir una casa del siglo XVII en el siglo XX (supongo que eso viola normas estéticas). Otro ejemplo que se podría dar es el de alguien que comete falacias en la argumentación. O de alguien que desperdicia recursos naturales escasos para construir una presa. Más dramáticamente: ¿constituyen las faltas de ortografía o de sintaxis una ofensa a Dios?

1 Corintios 10:31 nos llama a hacer todo para la gloria de Dios, lo cual requiere buscar la excelencia en todas las obras que se emprenden.

---

[4] Véase, por ejemplo, "Holismo nómico" (Alvarado 2019), o Johansson (2004).

Pero ello requiere normas para la verdad, la justicia, la belleza y toda virtud. Es por ello que vale decir que Filipenses 4:8, 9 nos incita a pensar en las normas para la vida humana:

> Por lo demás, hermanos, todo lo que es verdadero, todo lo honesto, todo lo justo, todo lo puro, todo lo amable, todo lo que es de buen nombre; si hay virtud alguna, si algo digno de alabanza, en esto pensad. Lo que aprendisteis y recibisteis y oísteis y visteis en mí, esto haced; y el Dios de paz estará con vosotros.

Al seguir normas correctas (y siempre podemos equivocarnos) estaremos tratando de agradar a Dios y servir al prójimo; ellas nos dan indicaciones concretas para obedecer el mandato cultural, dar forma específica al amor al prójimo, y rendir un culto aceptable a Dios.

La respuesta a la pregunta de si es pecaminoso violar las normas modales tiene que ver con la distinción entre las leyes modales y la ley natural —también llamada 'ley moral'. La ley natural, contenida en el Decálogo *no es una ley modal* pero todas las interpretaciones de las normas modales deben estar sometidas a ella. La respuesta a la pregunta de si es pecaminoso violar las normas positivas es que *sí, si dicha violación implica violar la ley natural*. Las normas positivas (cuando están correctamente elaboradas) sirven para guiar la creación y el funcionamiento de las comunidades e instituciones sociales conforme a su función de destinación. Por ejemplo, las normas positivas en un hogar excluyen el adulterio pues ello es necesario para mantener el mismo. Pero la violación de esta norma positiva constituye sin duda una violación de la ley moral. Si la ley penal tipifica el homicido como un delito, la violación de la prohibición del homicidio implicaría también una violación de la ley moral. Y se podrían aducir muchos otros ejemplos.

¿Qué hay de la fealdad, del *kitsch*, por ejemplo en ciudades que han perdido su estilo arquitectónico uniforme original? No siempre la transgresión de una norma modal implica una violación directa de la ley moral, pero siempre es indicativa de degradación de la buena creación, o de un cumplimiento defectuoso del mandato cultural.

§9 Las normas y la Biblia

A Frame le parece que la WdW compromete la Escritura al considerar la naturaleza como una fuente de normas extrabíblicas (p. 88). Desde luego, WdW jamás ha confundido la ley natural, o las leyes y normas modales, con la "naturaleza", pero concedamos que Frame quiso referirse a la ley natural o en general a los dos tipos de mandamientos. De hecho, más abajo dice: "pero ahora hay más que decir, ya que no sólo la filosofía de Ámsterdam encuentra normas extrabíblicas en la estructura de la ley; algunos de estos pensadores incluso consideran la Escritura misma como una especie de «positivización» o «aplicación» de las normas de esa estructura de la ley. Este punto de vista implica que la Escritura no contiene nada que, en principio, no podría haber sido descubierto a través del estudio de la ley. Además, dado que una «positivización» o «aplicación» es válida sólo para un conjunto particular de circunstancias y para un tiempo o lugar determinados, este punto de vista implica que la Escritura tal como la tenemos está fechada, es decir, fue temporal y está obsoleta" (pp. 88-9).

Frame confunde aquí las leyes ceremoniales y judiciales del Antiguo Testamento con la "Escritura". La WdW jamás ha dicho, ni dirá, que la Escritura es obsoleta. Pues la Escritura contiene mucho más que la enunciación de aquellas leyes, las cuales por lo demás contienen esenciales indicaciones direccionales. La Biblia no es un código legal sino que es, sobre todo, nada menos que la revelación de la gracia de Dios en Cristo. Contiene el testimonio de Jesucristo, sus palabras y enseñanzas, su muerte redentora en la cruz, la manera en que su gracia es aplicada a los hombres, y la manera en que los escogidos deben responder a la misericordia de Dios.

Lo que sí supone WdW es que tanto la ley ceremonial como la ley judicial mosaica eran leyes positivas que en efecto han quedado abrogadas. Pero esto es una tesis que forma parte de la confesión fundamental reformada, la *Confesión de fe de Westminster*. En efecto, ésta afirma lo siguiente:

> XIX.3 Además de esta ley, comúnmente llamada ley moral, agradó a Dios dar al pueblo de Israel, como a una iglesia de menor edad, leyes ceremoniales, que contenían varias ordenanzas típicas, en parte de adoración, prefigurando a Cristo, sus gracias, acciones, sufrimientos y beneficios; y en parte expresando ampliamente diversas instrucciones sobre deberes morales. En la actualidad, bajo el Nuevo Testamento, todas estas leyes ceremoniales están abrogadas.

> XIX.4 A los Israelitas, como una entidad política, Dios les dio también diferentes leyes judiciales, las cuales expiraron junto con el Estado de aquel pueblo. Por lo tanto, no obligan ahora a ningún otro pueblo, más de lo que la equidad general de ellas lo requiera.

Estas afirmaciones no se refieren al Decálogo, el cual está desde luego vigente, y por cierto tampoco a las normas modales. El punto es que el Decálogo no contiene leyes positivas, sino que es una expresión de la ley "moral", la cual contiene "dos puntos principales, de los cuales uno manda honrar simplemente a Dios con pura fe y piedad; y el otro, que con verdadero amor y caridad amemos a los hombres; por esta causa ella es la verdadera y eterna regla de justicia, ordenada para todos los hombres en cualquier parte del mundo que vivan, si quieren regular su vida conforme a la voluntad de Dios. Porque ésta es la voluntad eterna e inmutable de Dios: que sea honrado por todos nosotros, y que nos amemos mutuamente los unos a los otros" (*Institución* IV, XX, 15). Para la WdW esta ley está vigente y es fundamental, pero desde luego no agota la riqueza de la plenitud de las leyes, normas y mandamientos de Dios.

Para la WdW, incluso las leyes judiciales mosaicas —a pesar de haber sido derogadas en su detalle como leyes positivas— contienen valiosas enseñanzas que han sido recuperadas particularmente en el Catecismo Mayor de Westminster. Pero desde luego que hay muchísimas leyes y normas que no están expresadas en la Escritura. A Frame le parece que este hecho torna obsoleta la Escritura y cree que la distinción entre ley positiva y ley natural "implica que la Escritura no contiene nada que, en principio, no podría haber sido descubierto a través del estudio de la ley". Sin embargo, esa es la posición de Juan Calvino por lo que concierne a la ley moral, la cual sería suficiente si no hubiera tenido lugar la Caída:

> Y como quiera que la Ley de Dios que nosotros llamamos moral, no es otra cosa sino un testimonio de la ley natural y de la conciencia que el Señor ha imprimido en el corazón de todos los hombres, no hay duda que esta equidad de la que ahora hablamos queda en ella muy bien declarada. Así pues, esta equidad ha de ser el único blanco, regla y fin de todas las leyes. (*Institución* IV, XX, 16)
>
> [...] La equidad, *como es algo natural*, es siempre la misma para todas las naciones; y, por tanto, todas cuantas leyes hay en el mundo, referentes a cualquier cosa que sea, deben convenir en este punto de la equidad. (*Institución* IV, XX, 15. El énfasis es mío)

La equidad surge del amor propio combinado con el amor al prójimo y se expresa en la Regla de Oro: "Y como queréis que hagan los hombres con vosotros, así también haced vosotros con ellos" (Marcos 6:31).

Para Calvino, la ley moral expresada en la Escritura es desde luego una *nueva publicación* de la ley natural y eso lo expresa con toda claridad:

> Ahora bien, todo cuanto hay que saber de las dos Tablas, en cierta manera nos lo dicta y enseña esa ley interior, que antes hemos dicho está escrita y

como impresa en los corazones de todos los hombres. (*Institución* II, VIII, 1)

Eso no quiere decir que la Escritura sea superflua u obsoleta. El mismo Calvino lo dice:

> Sin embargo, el hombre está de tal manera sumido en la ignorancia de sus errores, que le resulta difícil mediante esta ley natural gustar, siquiera sea un poco, cuál es el servicio y culto que a Dios le agrada; evidentemente se halla muy lejos de él. [...] Por ello, *por sernos necesario en virtud de la torpeza y contumacia de nuestro entendimiento*, el Señor nos dio su Ley escrita, para que nos testificase más clara y evidentemente lo que en la ley natural estaba más oscuro, y para avivar nuestro entendimiento y nuestra memoria, librándonos de nuestra dejadez. (Ibídem. El énfasis es mío)

WdW toma como punto de partida todas esas precisiones y jamás diría que la Escritura se reduce a las leyes ceremoniales y judiciales, o que es obsoleta. Sólo agrega dos cosas adicionales: no todas las normas posibles para la vida humana —ya no digamos las leyes naturales— se obtienen directamente de la Escritura y por supuesto que hay que aplicar las normas de la Escritura o de la ley natural para legislar y crear normas positivas. Eso le corresponde a los cuerpos legislativos de las instituciones humanas que quieren operar conforme a la voluntad de Dios.

§10 Motivo religioso y fe

Roy Clouser (2022: 28-9) define el concepto de creencia religiosa en los siguientes términos:

> Una creencia es una creencia religiosa siempre y cuando:
>
> (1) Sea una creencia en algo como divino *per se*, no importa de qué manera esto se describa ulteriormente, o
>
> (2) es una creencia acerca de cómo lo no divino depende de lo divino *per se* o

(3) es una creencia acerca de cómo los humanos llegan a estar en una relación apropiada con lo divino *per se*,

(4) donde el núcleo esencial de la divinidad *per se* es tener el estatus de realidad incondicionalmente independiente.

Uno de los conceptos más difíciles de la WdW es la noción de motivo religioso básico. No es meramente una creencia religiosa, aunque desde luego incluye una, sino "una fuerza espiritual que actúa como el resorte principal absolutamente central de la sociedad humana" (Dooyeweerd 1998: 9).

Un motivo religioso básico viene acompañado de un espíritu que lo hace poderosamente operativo en la cultura:

> Hay un espíritu directamente operativo en el motivo religioso básico. Es el del Espíritu de Dios o el de un ídolo. El hombre lo mira como el origen y fundamento inamovible de su existencia, y se pone a su servicio. No controla al espíritu, sino que el espíritu lo controla a él. Por lo tanto, la religión nos revela específicamente nuestra completa dependencia respecto de un poder más alto. Confrontamos este poder como siervos, no como amos. (Ibídem)

Esto significa, en particular, que los que están bajo el dominio del motivo religioso bíblico están controlados por el Espíritu Santo. Para empezar, el Espíritu Santo es el que efectúa la regeneración que conduce al nuevo nacimiento. En ocasiones este evento tiene lugar sin la mediación de la Palabra escrita, por ejemplo cuando los nonatos o los niños de pecho son regenerados (cf. *Institución* IV, XVI, 6). Pero es muy común que sea a través de la Palabra escrita o predicada que tiene lugar esa transformación, pues sin duda la misma Escritura se refiere a la Palabra como poder de Dios (1 Corintios 1:18). La Palabra de Dios transforma no solamente la fe sino todo el corazón: deseos, sentimientos, el entendimiento (Hebreos 4:12) y en ocasiones sana enfermedades de toda índole, mentales y fisiológicas. Pero no todas las funciones del alma o el corazón son idénticas a la función de la fe.

Para Calvino, la fe en Dios es principalmente *confianza*, confianza fundamentada en el conocimiento.[5] Su propia definición reza así: "...un conocimiento firme y cierto de la voluntad de Dios respecto a nosotros, fundado sobre la verdad de la promesa gratuita hecha en Jesucristo, revelada a nuestro entendimiento y sellada en nuestro corazón por el Espíritu Santo" (*Institución* II, II, 7).

Desde luego, es el poder del Espíritu Santo el que preserva y mueve a su pueblo, particularmente a través de la Escritura. Es un poder que se expresa en la convicción de que el universo es contingente, creado y sustentado por el Dios de Jacob, que "el fin principal y más noble del hombre es el de glorificar a Dios y gozar de él para siempre", que este fin está comprometido por el pecado (acompañado de la convicción de pecado imbuida por el Espíritu Santo), que la única manera de librarse de la condenación del pecado es Cristo, y que Cristo habrá de restaurar todas las cosas. Ésta es una convicción continuamente renovada en el corazón del creyente por el poder del Espíritu Santo y es una que mueve a la obediencia y a la acción. No sé si sea esto lo que Frame llama "poder bruto" de la Palabra y tampoco se entiende por qué habría que distinguir entre Palabra de poder y palabra de texto. Toda Palabra de Dios *es Palabra de poder*, si bien está perfectamente claro que el Espíritu Santo puede obrar sin la mediación de la Escritura.

La convicción arriba descrita es el motivo religioso básico del cristianismo bíblico. A veces se sintetiza en la breve fórmula *creación - caída - redención - consumación*. Nadie que no esté movido por el Espíritu Santo a través de esta convicción puede entender la Biblia de manera espiritual (cf. 1 Corintios 2). 'Hombre natural' significa al hombre que no está gobernado por este motivo básico, sino por algún otro, a través del cual opera un espíritu de idolatría.

La fe es desde luego un aspecto, una función del corazón humano, que también es transformada y redirigida por el motivo cristiano básico.

---

[5] Cf. García de la Sierra (2022: 35).

Pero desde luego que la enseñanza de la WdW es que *todo* el corazón es transformado por la Palabra de Dios, por la misma Escritura cuando es recibida en obediencia y aplicada por el Espíritu Santo. La Palabra de Dios no transforma solamente la fe, sino todos los aspectos del hombre. Ésta es una enseñanza clara y firme de la WdW.

Frame confunde la tesis de que un ángulo, un enfoque específicamente teológico sobre la Escritura se concentra en la fe, con la idea (que nadie sostiene) de que la Escritura solamente se limita al ámbito de la fe, o que solamente habla al ámbito de la fe, restringida a ser una especie de código reglamentario de la misma. No es *la Biblia* la que aborda solamente el aspecto de la fe de la vida humana sino en todo caso *la teología*, al abstraerla de otros aspectos de la Escritura. Pero el objeto de la teología no es meramente la fe, sino la entera revelación de Dios en la Escritura y esto es algo que da por sentado la WdW.

Frame atribuye a la WdW una serie de afirmaciones que nunca haría y son inconsistentes con sus principios:

> La teología es una ciencia especial: la ciencia del "aspecto de la fe". No es un estudio de Dios, ya que Dios está más allá del pensamiento teórico. No es un estudio de la Palabra de Dios, porque la Palabra de Dios también está más allá del pensamiento teórico. Tampoco es un estudio de la Escritura: porque la Escritura como vehículo de la palabra de poder está más allá del estudio teórico, y la Escritura como una positivación de las normas de fe es directamente válida sólo para su propia cultura y circunstancias. (pp. 96 ss.)

Recapitulando lo dicho, las posiciones de la WdW son en realidad las siguientes:

(1) La teología sí es una ciencia especial pero su objeto no es exclusivamente la fe, sino toda la revelación de Dios. Su énfasis es en la fe, pues la Biblia es precisamente la revelación del pacto de Dios con los hombres y de la forma en que el hombre debe

responder en obediencia a ese pacto, particularmente en el culto público.

(2) La teología reformada desde Juan Calvino tiene como objeto de estudio la revelación de Dios, la *naturaleza* de Dios, *Deus quoad nos*, y no la *esencia* de Dios, *Deus in se*.[6]

(3) La Palabra de Dios, en los tres sentidos del término, no se halla más allá del pensamiento teórico, ya que es la revelación de la naturaleza de Dios. Ella es el objeto de la teología sistemática.

(4) La Escritura es Palabra de Dios y es parte de la revelación de su naturaleza, como se señaló en (3).

(5) La Escritura no es principalmente un código jurídico. Supongo que Frame se quiere referir a las leyes ceremoniales y judiciales. Éstas están en efecto derogadas.

§11 Filosofía y teología revisitadas

Según Frame, la metafilosofía de la WdW es la siguiente:

La filosofía es aquella ciencia que muestra las relaciones entre todas las demás ciencias. La filosofía da una cosmovisión total que muestra los límites del conocimiento humano, los límites de cada ciencia y la estructura general del universo. El filósofo, por lo tanto, tiene derecho a decirle al teólogo lo que puede y no puede hacer. [...] en este esquema, Dooyeweerd ha rechazado esencialmente el gobierno de la Escritura sobre el filósofo, y ha dado al filósofo la autoridad final virtual sobre la fe y la vida cristianas. (p. 97)

Agrega Frame que según WdW el filósofo

puede dictar a todas las demás ciencias lo que pueden y lo que no pueden decir; y no lo dicta sobre la base de lo que dice la Escritura (nunca, como filósofo, él deriva algún contenido de pensamiento de la Escritura); más

---

[6] Cf. Helm (2004), capítulo 1.

bien dice lo que dice sobre la base de su propia experiencia y sobre la afirmación de un incierto "poder" divino que lo dirige de alguna manera. (p. 99)

Es evidente que Frame no ha entendido en qué consiste el gobierno de la Escritura sobre el filósofo, así como tampoco ha entendido el sentido de la referencia al poder de Dios.

La Palabra de poder de Dios mantiene al filósofo (al igual que a todo creyente) en particular en la convicción del monoteísmo: hay un solo Dios, el Dios de Jacob en tres personas, y todo lo demás es creado por Dios y depende de él. La Palabra de poder de Dios mantiene al filósofo (al igual que a todo creyente) en la convicción de que toda autoridad y potestad, en los cielos y en la tierra, ha sido dada a Cristo Jesús, y por lo tanto la vida social ha sido partida en esferas para que no haya más autoridad suprema que la de Cristo. Nada de esto entiende Frame; de hecho, Frame no ha entendido absolutamente *nada* del sentido de la WdW.

El filósofo puede decirle al teólogo muchas cosas. Por ejemplo, puede decirle que el platonismo es una visión especulativa metafísica sobre la esencia de Dios que tergiversa completamente la interpretación de la Escritura y se aparta totalmente de los lineamientos de la Reforma para el trabajo teológico. Puede decirle que no es admisible en ningún discurso la contradicción lógica y la falta de sistematicidad. Puede decirle cuáles son las categorías ontológicas dentro de las cuales *debe* realizar su trabajo, por ejemplo denunciando el platonismo o las presuposiciones humanistas. Y ya vimos de qué manera estas categorías ontológicas se basan en la Palabra de poder de Dios, la cual mantiene al fiel en la convicción del monoteísmo y la suprema autoridad de Cristo.

Frame también critica al filósofo de la WdW porque no se dedica todo el tiempo en la academia a hacer apologética. Por supuesto que el monoteísmo y los argumentos que muestran la inviabilidad del reduccionismo son generales en la discusión filosófica. Sin embargo, cuando se avanza hacia la filosofía política y social es imposible formular la soberanía de las esferas sin referencia a la autoridad suprema de Cristo. La teoría de las modalidades en general puede ser aceptable a todos los teístas, mas no así las teorías sociológica y política. Como señala Clouser (2022: 218):

> Puesto que estas aplicaciones adicionales de la teoría también harán uso de varias enseñanzas neotestamentarias, las teorías sociológica y política . . . no solamente serán ampliamente teístas, sino específicamente cristianas.

§12 Epílogo

Espero con este texto haber despejado las confusiones de Frame y haber contestado a sus preguntas, algunas de las cuales son relevantes e interesantes y motivan a hacer precisiones a las exposiciones de la WdW. La WdW es una de las escuelas de filosofía más importantes en la historia de la disciplina y, a pesar de sus humanas limitaciones, ciertamente pretende construirse sobre la base de la obediencia a la Escritura. Me parece que todo cristiano, particularmente todo reformado o presbiteriano, debería hacer un esfuerzo por entender sus principios. En todo caso, la crítica tiene que ser informada y seria.

PHILOSOPHY
AND
REFORMED THEOLOGY

Response to John M. Frame's
The Amsterdam Philosophy

ADOLFO GARCÍA DE LA SIENRA

Translation by
STEVEN MARTINS

cántaro
publications

NIÁGARA, ONTARIO
CANTAROINSTITUTE.ORG/ES

Dr. Adolfo García de la Sienra Guajardo has a Doctor of Philosophy from Stanford University, California, and received an Honoris Causa Doctorate in Theology from the Edinburg Theological Seminary (Texas) due to his distinguished academic career, in the which highlights the translation of several fundamental books on the philosophy of the idea of law, particularly *A New Critique of Theoretical Thought* by Herman Dooyeweerd. He is a research professor at the Institute of Philosophy of the Universidad Veracruzana. Dr. García de la Sienra has a vast intellectual production. His last two books are *A Structuralist Theory of Economics* (London, Routledge) and *The Nature of Faith* (Xalapa, Universidad Veracruzana). He has given a multitude of conferences in Mexico, Canada, the United States, Central America, Peru, Argentina, Chile and almost all countries in Europe.

CONTENTS

PROLOGUE

In 1972, Professor John M. Frame published a brief book in which he made a series of criticisms of the philosophy of the Law-Idea (*Wijsbegeerte der Wetsidee* in Dutch, briefly WdW), commonly known as "reformational philosophy," which he called "the philosophy of Amsterdam." No one in the Netherlands or other countries takes this book seriously, but since it has been used as a battle horse in Mexico by people unwilling to seriously study the WdW, let alone argue rationally, I have deemed it appropriate to respond to Frame's criticisms and questions. The comments included here are not intended to be a critique of Frame's work. The references are to John M. Frame, *The Amsterdam Philosophy* (see references at the end).

In attempting to criticize the "philosophy of Amsterdam," Frame quotes authors who disagree with its principal author, Herman Dooyeweerd, instead of sticking to what he states. This is a bad tactic in philosophy. It's like needing to criticize Hegelians who disagree with Hegel on some points in order to criticize Hegel. Therefore, in these responses, I will only be addressing his criticisms of Dooyeweerd's thought.

I want to thank here for the valuable observations of the Rev. Nehemías Morales Macario, as the comments of pastors Rev. Raymundo Villanueva, Saúl Rodríguez and Eder Palomo Hatem. The English translation was carried out by the Rev. Steven Martins.

In order to unify references to the same text, we decided to translate the quotes from the Spanish version of Professor Frame's book.

Coatepec, Veracruz, January 4, 2024

§1 The Concept of Prolegomenon

Before getting into the subject, it is convenient to make a digression about the concept of prolegomenon. The Royal Spanish Academy *Dictionary* defines the term as "a treatise placed at the beginning of a work or writing, to establish the general foundations of the subject to be dealt with later." Both medieval scholastics and reformers always considered a prolegomenon important for the development of systematic theology. In the origins of the reformed churches, reformed and Presbyterian theologians adopted the philosophy of Francisco Suárez as a prolegomenon to theology. Approximately until the time of the Peace of Westphalia (1648), Dutch Calvinists were trained in the philosophy of Suárez, as the standard prolegomenon for reformed theology in the Netherlands was the *Metaphysical Disputations* of the Spanish Jesuit philosopher. In fact, the famous Dutch poet Jacob Revius published in 1644 a compendium, *Suarez repurgatus*, to present a prolegomenon that he considered more suitable for reformed theology. Of course, since Theodore Beza, all reformed theology was built on scholastic prolegomena, until the appearance of modern philosophy. The stage of Protestant scholasticism lasted until the end of the 17th century and had very important representatives such as Beza himself, Francisco Turretino, and Peter Martyr Vermigli.

With the emergence of modern philosophy and particularly the Enlightenment, reformed theologians found in rationalism the new prolegomena to theology, particularly in Scotland. In the Netherlands, the WdW philosophy emerged in the 20th century as an attempt to overcome the modern philosophical wave, which had culminated in Higher Criticism with Friedrich Schleiermacher (based on Kant's philosophy and destructive to Calvinism). Karl Barth's reaction to this movement is to pretend that theology can do without philosophy, which of course is not the case.

It should be mentioned that in Scotland, the work of James Orr, a Presbyterian, also proposed the development of a philosophy that did not adhere to the humanist presuppositions of Higher Criticism (see his *The Christian View of God and the World*). Another important Presbyterian philosopher is Gordon Haddon Clark, who published a significant number of philosophy books and defended a specific doctrine that he considered a Christian philosophy. While not developing a system of philosophy, Ronald H. Nash is another Presbyterian thinker who wrote on philosophical topics. The philosophical positions of these thinkers should be studied in a Presbyterian reformed seminary and should be discussed rationally. Synods (such as the Synod of Dort) are responsible for discussing confessions of faith, not the prolegomena to theology.

Moreover, it is somewhat ironic that some Presbyterians have waged war against the first school in the history of Western philosophy that explicitly wants to presuppose the biblical religious motive (a great scientific contribution of Calvinism), unlike all others that have been and continue to be used in Presbyterian and reformed seminaries.

§2 Philosophy and Theology

Frame seems to think that the need for a prolegomenon implies that "Scripture does not speak directly to the scientist without the mediation of philosophy, and... that the philosopher has the right to tell the theologian what Scripture can and cannot say" (pp. 26-27).

Actually, for Herman Dooyeweerd (creator of the WdW), it is exactly the opposite and in full accordance with the teachings of the Reformation: Scripture speaks to the common man *without the mediation of philosophy* (or theology). The point is that the knowledge provided by Scripture is not a theory (neither philosophical nor scientific). Systematic theology is another matter, which of course presupposes one philosophy or another as a prolegomenon (the critics of the WdW have their own prolegomenon, albeit hidden). But both the philosophical prolegomenon and theology itself must be subordinate to Scripture. Precisely what the WdW defends is that philosophy must be subject to Scripture! We will return to this topic towards the end of this writing.

§3 The Nature of Theoretical Abstraction

Frame states (p. 36) that "the idea (of the WdW) that scientific thinking is characterized by 'theoretical abstraction'... is of no help unless we have a definition of 'theoretical'; but this is what we have sought in vain!"

Based on Dooyeweerd's assertions, it is possible to specify a relevant concept of theoreticity, if we make use of developments in the philosophy of science subsequent to the *New Critique of Theoretical Thought*. Very clear examples of highly abstract theoretical constructs are models, which are worlds similar to pre-theoretical experience but greatly simplified. Like the Newton earth-moon model, which consists of two spheres with the same mass as the earth and moon but without irregularities. Or the model of the consumer in idealized terms that attribute perfect information, consistent preferences, and unlimited computational powers to the agent. In these models, determinations of reality are isolated and other aspects of the experience are ignored to focus on some "relevant" properties and relationships.

In a broad sense, a scientific theory is a set of models that have a shared axiomatic structure. Theoreticity consists in this degree of abstraction. I offer a more extensive explanation of this in my "Structures, Model Systems, and Empirical Applicability."

And Frame is certainly right to say that there are several degrees of abstraction. A low degree of abstraction (noted by Frame) is the mere distinction of properties in immediate experience (like the colors of stones being observed). A higher one would be to "separate" the concept of color from the stones to conceive a more general universal: color. Another would be the theoretical as already described. Another is a system of abstract and systematic propositions about a specific topic, like the nature of faith according to Scripture. The Germans refer to these systems as *Wissenschaften*, sciences. But this does not fundamentally affect the WdW (*Wijsbegeerte der Wetsidee* or Philosophy of the Law-Idea).

§4 Do Spheres Exist?

Frame raises the following questions in relation to the concept of modality or sphere: (1) Are the spheres of law elements of the real world, or are they simply ways in which humans perceive the world? (2) How can one ultimately distinguish one sphere from another when, in Dooyeweerd's stance, the "nuclear moment" of each sphere, which distinguishes it from all others, is indefinable? (3) Why must the universe be ordered in the spheres of laws described by Dooyeweerd?

It's clear that modalities are, for Dooyeweerd, part of the structure of reality, but this does not seem clear to Frame, who believes it is necessary to demonstrate their existence. However, the demonstration of the existence of the modalities and their distinction is the result of centuries of development in the sciences and of decisive philosophical arguments. Consider an example. Leibniz introduced the logicist program, which postulates that arithmetic is reducible to logic. To demonstrate this, Gottlob Frege developed first-order logic and tried to derive the fundamental propositions of arithmetic from it (Frege 1879, 1893). But Kurt Gödel (1930, 1931) showed that first-order logic is complete, while arithmetic theory is not, and therefore it is not possible to derive arithmetic from logic. It is these types of results that allow us to delineate a distinction between types of nomic spheres.

Other cases are the irreducibility of geometry to arithmetic, of dynamics to kinematics, of psychology to biology. The distinction between nomic spheres is the result of a long process and is not an invention of Dooyeweerd. Materialist philosophers of science like Mario Bunge (1967) or Igvar Johansson (2004) recognize the diversification of reality into modalities (Bunge calls them "levels"). Why must the universe be ordered in the nomical spheres described by Dooyeweerd? Because that is its structure, although it is an empirical question whether the ordering of the spheres or their number is correct or needs to be modified.

§5 Is It Possible to Know the Essence of God?

Frame finds unacceptable the thesis that God is beyond all theoretical thinking, and "perhaps" beyond intuitive or natural experience (p. 41). He observes that "Dooyeweerd says that God is transcendent and supratemporal and that nothing can be said about Him, every word limits Him" (p. 64). From this, Frame concludes that Dooyeweerd identifies the God of Jacob with the unknown God of Acts 17:23 (pp. 64-67), of whom one can only speak in figures and about whom "no predication can really be true" (p. 66). Frame ends by classifying Dooyeweerd as a scholastic!

However, what Dooyeweerd means by this is nothing more than the classic Calvinist thesis that the essence of God is incomprehensible (*Institutes* I, V, 1) and cannot therefore be the object of theoretical speculation (nor of pre-theoretical experience). Contrary to the scholastic metaphysics of Augustine, Anselm, and Thomas Aquinas, the reformers taught that what can only be known of God is what He wants to reveal about Himself, accommodating our cognitive limitations. Calvin insisted that we should limit ourselves to knowing what belongs to the nature (not the essence) of God; that is, what He has revealed: "those who wish to argue what God is are merely engaging in vain speculations, because it is more fitting for us to know how He is, and what pertains to His nature" (*Institutes* I, II, 3). Of His essence, He has particularly revealed that He is a Trinity, an essence with a real distinction of persons or hypostases. But this is knowledge provided by Scripture and not one obtained through the study of the inscrutable essence of God.

God accommodates our cognitive limitations: "For what man of a little understanding does not comprehend that God, so to speak, babbles when speaking with us, as nurses do with their children to come down to their level? Therefore, such ways of speaking do not at all reveal what God is like in Himself, but rather adapt to our coarseness, to give us some knowledge of Him; and Scripture cannot do this without coming down to our level and, therefore, far below the majesty of God" (*Institutes* I, XIII, 1). But this babbling occurs within the temporal horizon, because indeed, as Dooyeweerd says, our theoretical thought is limited to the temporal horizon.

It is likely this restriction of theoretical theological thought to the revealed nature of God that leads Frame to say that Dooyeweerd pre-supposes that God is the created temporal reality! That is, according to Frame, Dooyeweerd is a pantheist (or a pagan). But of course, Dooye-weerd never tires of affirming that God is above the temporal horizon. What he maintains is that what man can *know* is only the revelation of God in His creation, in the temporal horizon, including not only Scripture but also general revelation, in which the eternal power and divinity of God are made manifest. There are true predications about the essence of God, such as that He is Trinitarian, but Scripture calls us to scrutinize His nature, particularly His full revelation in Christ Jesus, not His essence.

It is noteworthy that in addition to attributing to Dooyeweerd such a number of falsehoods, Frame also attributes to him the assertion that "God... is a theoretical conceptual concept" (p. 63). That is, according to Frame, Dooyeweerd believes that God is outside of all theoretical thought but is a theoretical concept.

§6 Are Modalities Arbitrary?

Frame seems to complain that "Dooyeweerd in his modal aspects tells us that the more complex always presupposes the less complex" and at the same time questions Dooyeweerd's version of the organization of the modalities. In fact, he seems to think that the modal aspects are "arbitrary categories," "as if the world had to be compressed to fit the categories of the system" (p. 55); he also wonders: "Why should they be organized in the exact order that Dooyeweerd suggests?"

As pointed out in section 4, the determination of the modalities and their ordering is the result of the long process of development in the sciences. Frame should have admitted that at least some modalities, as well as their ordering, are not at all arbitrary. For example, the existence of a physical modality is universally recognized, for which highly sophisticated and powerful theories have been developed: Newtonian mechanics, quantum mechanics, thermodynamics, general relativity. There isn't a theory that unifies the field of physics, but the search for such a theory testifies that all scientists admit that the field is delimited. And it's clear that entities whose qualifying function is in the physical modality are less complex, for example, than living beings, which, in addition to having physical functions, also have biotic functions. This is so obvious that it doesn't require further emphasis. Analogous arguments can be made for the other modalities.

The problem is that Frame believes that "God has not revealed to us the structure of the created world" (p. 56). Of course, Scripture does not provide an explanation of the structure of reality and the interconnection between the sciences. But general revelation provides evidence that allows us to know it and develop theories about it. God has not revealed the structure of atoms either, but it is possible to investigate creation and come to know it. If Frame were right, scientific research would be completely fruitless; in fact, it would be impossible.

Discussing the temporal limitation of theoretical thought, Frame suggests that there are theoretical objects that are supra-temporal and uncreated, such as thoughts, propositions, and numbers. However, referring to that limitation, he says that "this position seems to be based on a wrong use of 'time' that has no foundation in the real meaning of the word". Leaving aside the idea of the real meaning of a word (does he mean "usual"?), in philosophical language we find words with technical meanings that seek to elucidate terms of ordinary language. The temporal in Dooyeweerd is what is not eternal, and of course, "ideal" entities are not eternal.

The idea that thoughts, numbers, or propositions are uncreated and eternal is Platonic. Bernhard Bolzano (1837), for example, spoke of *Sätze an sich*, propositions in themselves, holding that these were eternal. Leibniz thought that numbers were supratemporal, and Gottlob Frege (1892) believed that the "objective content of thought" (*die objektiven Inhalt des Denkens*) was like Bolzano's propositions. The WdW position is that none of these entities are eternal, but all are created and their existence depends on God. Frame, however, seems to think they are divine, supra-temporal, eternal, and, seeing that they indeed exhibit an order (arithmetic or logical), infers that the supra-temporal must also possess an order. Hence his rhetorical question: "if the temporal is ordered, is the supra-temporal disordered?" (p. 57).

It appears that Frame's religious motive is Platonic, and therefore he finds the thesis that theoretical thinking is temporally limited inadmissible. Frame believes that theological theoretical thought can be "elevated" (the term is mine) above the temporal, above human experience, to delve into both the essence of God and some supposed supra-temporal ideal entities (Thomas Aquinas said that the Platonic

Forms were ideas in the mind of God). The possibility of this "elevation" is precisely what the WdW denies.

§7 The Heart

In relation to the idea of the heart, Frame raises a flood of questions (p. 58):

(1) Does the heart or self in some way "concentrate" all human experience? In what sense?

(2) Does it mean that the heart is the one that has all experiences?

(3) Does it mean that the heart provides the universal concepts by which experience is "unified" (i.e., organized, accounted for, analyzed, etc.)?

(4) Does it mean that the heart somehow perceives supratemporally what the senses perceive temporally?

(5) Does it mean that any true record of human experience must presuppose the existence of the heart?

Here are the answers to these questions:

Regarding (1), it's clear that the ego has the power to unify disparate experiences. This is manifested in the function that enables the common practice of "tying ends together," or forming geographic or conceptual maps. Without a central unifying power, these experiences would remain disconnected and could not form a world, that is, a worldview. At the perceptual level, this function manages to unify impressions or stimuli to refer them to the same object, as when the sound of a drum is associated with the vision of the movement of the drumsticks. The mental illness known as schizophrenia precisely consists in the disturbance of this function. This is so obvious that the question seems strange.

Response to (2) is affirmative: the heart is what has all the experiences of the *same* person. The heart is the intimate being of the person. How could it be otherwise?

Response to (3) is negative in WdW, as WdW does not believe in innate concepts. Kant believed that the structure of the "transcendental subject" (a humanist substitute for the heart) included twelve a priori categories that organized experience. For Dooyeweerd, the absolutely transcendental a priori of human experience is the temporal order of the world, not innate categories.[7] The heart *develops* concepts from experience, and with them, it can of course better organize the same experience. That is what the sciences do.

Regarding (4), by virtue of its openness to the transcendent, the heart can indeed see creation as a totality, as a world. The image of this world is constituted from experience, including sensory perception, but the concept of experience in WdW is not reductionist, as is, for example, David Hume's. Experience in the sense of WdW allows, for example, the perception of beauty or virtuous actions as such, and not merely impressions as described by Hume or logical empiricism.

Finally, regarding (5), despite the fact that the Bible insists that the heart is the seat of thought, Frame appears surprised and perplexed at the idea that experience must presuppose the existence of the heart (p. 59). But there is nothing clearer than this in Scripture: "[The Word of God] discerns the thoughts and intentions of the heart" (Hebrews 4:12); "For this people's heart has grown dull...lest they should see with their eyes, and hear with their ears, and understand with their heart" (Matthew 13:15); "And there were sitting there some of the scribes, who were reasoning in their hearts" (Mark 2:6). Moreover, from the heart flows the springs of life (Proverbs 4:23). There are about eight hundred figurative uses of the term 'heart' in Scripture, which show a consistent uniformity of meaning and agreement with the conception that the WdW has of it.

Despite such manifest teaching, Frame does not seem to comprehend what Dooyeweerd means by 'central reference point' (p. 60).

---

[7] Cf. *New Critique*, vol. 2, pp. 553 ff.

But it is very clear that it is none other than the heart. As Gordon
Spykman says:

> The heart represents the unifying center of man's entire existence, the
> spiritual point of concentration of our total selfhood, the internal reflective
> core that gives direction to all our vital relations. It is the wellspring of
> all our wanting, thinking, feeling, acting, and any other vital expression.
> It is the birthplace from which flows all movement of man's intellect,
> emotions, and will, as well as any other 'faculty' or mode of our existence.
> In summary, the heart is the mini-self. (*Reformational Theology*, p. 218)

However, according to Frame, "Dooyeweerd says that... the self is
a theoretical concept" (p. 63). It's simply incomprehensible how he
could attribute this to Dooyeweerd, especially after having attributed
to Dooyeweerd the assertion that thought presupposes the existence
of the heart. For Dooyeweerd, the heart is certainly not a concept. If
thought presupposes the existence of the heart, theoretical concepts
also do, as they are thoughts. Thus, Frame is attributing to Dooyeweerd
the assertion that the heart presupposes the existence of the heart!
That is, the heart cannot come into existence unless it already exists. A
real conundrum.

Furthermore, Frame claims that "in Dooyeweerd, there are various
types of mediators between God and his creatures, such as... the heart"
(p. 67). How can the heart be the mediator between God and the
creature? The heart *is* the creature. What Frame attributes to him is
the assertion that the creature is the mediator between God and the
creature. Dooyeweerd never said such nonsense, nor does it derive
from his system. It is obvious and manifest that, for Dooyeweerd, only
Christ can be the mediator between God and the creature.

Frame finds Dooyeweerd's thesis unacceptable, in the sense that
if the heart of man were not supratemporal, it could not have com-
munion with God. He thinks that with this, the WdW has diluted the
distinction between God and creature (p. 61). Dooyeweerd indeed

also maintains that if the heart were not supratemporal, we would not find a central reference point that transcended the diversity of modal aspects. Consequently, there can also be no conceptual knowledge of the self.

I believe Frame has a point here, as it is confusing to claim that the heart is supratemporal. What Dooyeweerd means are two things: (A) the heart can realize that reality is not restricted to temporal reality but that everything points towards a transcendent divinity. In fact, Scripture refers to the same and also transmits information about it, such as that it consists of three really distinct persons; and (B) this openness of finite and created being to the idea of a transcendent divinity allows it to view temporal reality as a whole. The heart transcends the diversity of modal aspects in this intentional sense and also in the sense that man lacks a qualifying function, not that he becomes equal to God.

Frame also has a point in criticizing Dooyeweerd's Neo-Kantianism. There is no such thing as a "Gegenstand relation" based on a supposed rupture of the unbreakable (!) coherence of aspects. As Strauss (2019) has pointed out, such a rupture is not possible, and therefore "the mere idea of an intermodal synthesis is intrinsically *antinomic*" (ibid: 183). Kant needed a synthesis to process the material of sensible intuition through the categories and produce phenomena. Dooyeweerd does not need such a synthesis because abstraction does not disturb reality, and "phenomena" exist independently of the activity of the human mind (cf. Revelation 4:11). As Strauss notes, abstraction, the objective logical separation that distinguishes and separates, "does not suspend the unbreakable coherence between aspects because it merely identifies and distinguishes whatever has been observed" (ibid: 184). Indeed, Dooyeweerd's non-reductionist ontology has "an enduring intrinsic solidity, not so his transcendental critique infected with Kantianism!" (ibid).

Frame is somewhat right in noting that Dooyeweerd does not provide a clear basis for distinguishing WdW from the Kantian position (p. 51). If his notion of synthesis were coherent and synthesis indeed occurred, the distinction would be as follows: for Kant, synthesis would be carried out by the transcendental subject, which finds its qualifying function in the analytical aspect; for Dooyeweerd, man has no qualifying function at all and the subject is not logical, so the synthesis would be done by an ego that transcends all modalities. But if we purge WdW of Dooyeweerd's Kantianism (something he would have eventually agreed with), we can retain his magnificent ontology and build upon it an epistemology completely different from that of the philosopher of Königsberg.

§8 The Law

In Scripture, the term 'Word of God' has three meanings. One refers to Scripture itself, which, embodied in the Bible, is indeed called the 'Word of God'. The second refers to Christ Himself, who is designated as the 'Word of God' or 'Logos of God'. The third refers to the Word-Law of God, that is, the system of laws, norms, and decrees that govern the universe.

The Greek interpretation of John 1:1 is that Christ is the Logos understood as Reason, like a kind of Demiurge that creates all things. This interpretation aligns with Plato's philosophy, who also asserted that the Demiurge created according to the Forms or Eidos. From here, there is only a step to substitute, or rather to complement, these forms with the Word-Law of God, and thus maintain that the Word-Law is eternal, supratemporal, and uncreated. This step had already been taken by the great Neoplatonic philosopher Augustine, Bishop of Hippo, who distinguished three types of laws:

- *Lex æterna* (ordering order: *ordo ordinans*).
- *Lex naturalis* (ordered order: *ordo ordinata*).

- *Lex temporalis* (positive law).

According to Augustine, the *lex æterna* is a principle contained in the mind of God (therefore, it is "part" of the essence of God). It is the plan according to which God orders and directs the entire universe, from the lowest to the highest and from there again to the lowest (these are the decrees and ordinances of God). It is immutable like God Himself. It subjects both the irrational and rational nature of man, and only man can grasp it, as it finds its splendor inside his conscience (alluding to Romans 2:12-15) as *lex naturalis*. Despite the fall due to original sin, this natural law remains, at least its contours, in the conscience of men. Its fundamental norm is the Golden Rule: one should never do to another what one does not want done to oneself, nor should one demand of another what one is not willing to do oneself. According to Verdross (1962: 80), Saint Augustine primarily drew from the writings of Cicero the philosophy of law of Antiquity.[8]

The *lex temporalis* is the positive law: norms devised and promulgated by humans. According to Augustine, based on the *lex æterna* —which is known through natural law— one must determine what should be ordered and prohibited at a certain time. It is legally binding only insofar as it can be supported by divine law, but it has a mutable character, due to its variability according to time and place. The social process of its formulation is called the *dynamic moment of law*.

The other interpretation of John 1:1 is that the statement that Christ Jesus is the Word of God means that He is the full and perfect revelation of God, "the brightness of His glory, and the express image of His substance", truly God.

Scripture affirms that Christ sustains all things and all things consist in Him (Hebrews 1:3; Colossians 1:17). The word of His power, with which He sustains all things, includes the system of laws, norms, and

---

[8] See Verdross (1962: 105-107) for references that support this description of Augustine's thought

decrees that govern the universe (Psalm 119:91; 148:6). But one thing is the system of laws, norms, and decrees that He has promulgated, and another thing is Christ Himself. The law of God is divine because it comes from Him, but that does not mean it is uncreated. A law is called human because it is designed and promulgated by men, but that does not mean it is a man.

However, consistent with his Platonic tendencies, Frame asserts that the law of God is "essentially divine," meaning that it is uncreated. This equates to saying that the law of God is equated with God Himself. And indeed, that is what Frame maintains. According to him, "in the Bible, the law of God is never a created thing, or a structure of things" (p. 72). And he elaborates:

> Scripture often speaks of how nature obeys God's ordinances (for example, Ps. 119:89-93), but it never speaks of any "structure of the law" or "order of the law" in nature. Nature obeys God's law, but it is not God's law, nor is it part of God's law. Rather, in the Scriptures, God's law is purely and simply divine. In it, the 'law of God' is a phrase that refers to the 'Word of God' (note Ps. 119:89); and the 'Word of God' is equated with God Himself in John 1:1.

As can be seen, Frame is in agreement with Augustine's conception of the law of God, although he seems to dislike the concept of positive law. However, John Calvin had no qualms about identifying the divine or "eternal" law with natural law, thus eliminating, in a manner that William of Ockham would have envied, the Platonic idea of *lex æterna*. The reformer said:

> Since the Law of God, which we call moral, is nothing else but a testimony of the natural law and the conscience which the Lord has imprinted in the heart of all men, there is no doubt that this equity of which we now speak is very well declared in it. Thus, this equity must be the sole target, rule, and end of all laws (*Institutes* IV, XX, 16).

And he adds:

> Equity, as it is something natural, is always the same for all nations; and, therefore, all the laws in the world, concerning whatever it may be, must agree on this point of equity (ibid).

While Calvin and the reformers in general have identified God's moral law with natural law, Dooyeweerd never said that *nature* was part of God's law. Frame has not even understood the ABCs of WdW, one of whose basic teachings is the distinction between the law-side and the subject-side of the cosmos. Nature is not part of the law but *is subject to the law*. Indeed, "nature obeys God's law, but it is not God's law, nor is it part of God's law."

Secondly, Dooyeweerd has never said that there is a structure of the law or order of the law *in* nature. It exists in the cosmos, but as already mentioned, the cosmos has two sides. It is evident that there are, for example, physical laws that govern natural things. What Frame implies is that in addition to these, there is a law identical to God that governs natural phenomena. This represents an unnecessary multiplication of entities. Here, Occam's Razor applies, eliminating all reference to Platonic entities.

Thirdly, Frame confuses the three meanings of 'Word of God' outlined at the beginning of this section. A consequence of this confusion is the assertion that the person of Christ Jesus is identical to Scripture and to natural law. This absurd consequence should clear any doubt about the incorrectness of Frame's Platonic position.

Fourthly, it is clear that God has placed in His creation, in addition to the law of love (which is the natural law, also expressed in the Decalogue), specific modal laws of two types: laws of nature and norms. The laws of nature are divine commands that govern nature and do not require human instrumentation, unlike norms, which do. These natural laws and norms have a structure that can also be investigated philosophically.[9] There are ontological theories about the laws that govern the cosmos.[10] And important and interesting questions can be raised, such as those concerning the causal power of laws (or things), the relationship between laws of different modalities, or the connection between norms and laws for nature. Much of contemporary ontology and philosophy of science, including WdW, deals with the system of laws governing the cosmos.

Regarding modal laws and norms, Frame raises the following questions: Is it true that a study of logic, history, linguistics, sociology, economics, aesthetics, jurisprudence, ethics, or theology will produce norms beyond those found in the Scriptures? Is it sinful to disobey them?

Of course, the study of the *Geisteswissenschaften* or humanities allows for the formulation of numerous norms for all human activities. For example, there are logical norms that indicate how to avoid fallacies. Economic norms for the optimal use of resources. Legal norms, but in vast quantities. Frame expresses himself as if the production of such norms were something strange to human life, or as if he wanted to separate human legislative activity from any reference to laws issued by God. For WdW, it is clear that the positivization of a norm must be aligned with the corresponding divine norm.

His question of whether it is sinful to disobey them is interesting. He gives the example of building a 17th-century house in the 20th century (I assume that violates aesthetic norms). Another example could be someone who commits fallacies in argumentation. Or someone who wastes scarce natural resources to build a dam. More dramatically: do spelling or syntactic errors constitute an offense to God?

1 Corinthians 10:31 calls us to do everything for the glory of God, which requires seeking excellence in all the works undertaken. But this requires norms for truth, justice, beauty, and every virtue. That is

---

[9] Therefore, they also do not form part of the essence of God and are not "essentially divine."

[10] See, for example, "Holismo nómico" (Alvarado 2019), or Johansson (2004).

why it is worth saying that Philippians 4:8, 9 urges us to think about norms for human life:

> Moreover, brothers and sisters, whatever is true, whatever is noble, whatever is right, whatever is pure, whatever is lovely, whatever is admirable—if anything is excellent or praiseworthy—think about such things. Whatever you have learned or received or heard from me, or seen in me—put it into practice. And the God of peace will be with you.

By following the right norms (and we can always make mistakes), we will be trying to please God and serve our neighbor; they give us concrete guidelines to obey the cultural mandate, give specific shape to the love of our neighbor, and offer acceptable worship to God.

The answer to the question of whether it is sinful to violate modal norms has to do with the distinction between modal laws and natural law —also called 'moral law'. The natural law, contained in the Decalogue, *is not a modal law*, but all interpretations of modal norms must be subject to it. The answer to the question of whether it is sinful to violate positive norms is *yes, if such violation implies violating natural law*. Positive norms (when correctly formulated) serve to guide the creation and functioning of communities and social institutions in accordance with their designated function. For example, positive norms in a household exclude adultery because this is necessary to maintain the household. But violating this positive norm undoubtedly constitutes a violation of the moral law. If criminal law typifies homicide as a crime, violating the prohibition of homicide would also imply a violation of the moral law. Many other examples could be cited.

What about ugliness, or *kitsch*, for example in cities that have lost their original uniform architectural style? Not always does the transgression of a modal norm imply a direct violation of the moral law, but it is always indicative of the degradation of the good creation, or of a defective fulfillment of the cultural mandate.

§9 Norms and the Bible

Frame seems to think that WdW compromises Scripture by considering nature as a source of extrabiblical norms (p. 88). Certainly, WdW has never confused natural law, or modal laws and norms, with "nature", but let's assume Frame meant to refer to natural law or generally to the two types of commandments. Indeed, further on he says:

> but now there is more to say, since not only does the Amsterdam philosophy find extrabiblical norms in the structure of the law; some of these thinkers even consider Scripture itself as a kind of 'positivization' or 'application' of the norms of that law structure. This view implies that Scripture contains nothing that, in principle, could not have been discovered through the study of the law. Moreover, given that a 'positivization' or 'application' is valid only for a particular set of circumstances and for a certain time or place, this view implies that Scripture as we have it is dated, that is, it was temporal and is obsolete (pp. 88-9).

Frame here confuses the ceremonial and judicial laws of the Old Testament with "Scripture". WdW has never said, nor will say, that Scripture is obsolete. For Scripture contains much more than the enunciation of those laws, which moreover contain essential directional indications. The Bible is not a legal code but is, above all, nothing less than the revelation of God's grace in Christ. It contains the testimony of Jesus Christ, His words and teachings, His redemptive death on the cross, the way His grace is applied to men, and the way the elect should respond to God's mercy.

What WdW does assume is that both the ceremonial and the Mosaic judicial law[11] were positive laws that have indeed been abrogated. But this is a thesis that is part of the fundamental reformed confession, the *Westminster Confession of Faith*. Indeed, it affirms the following:

---

[11] Translator's note: García de la Sienra uses the phrase "Mosaic judicial law" here to refer to the "civil law".

XIX.3 Besides this law, commonly called moral, God was pleased to give to the people of Israel, as a church under age, ceremonial laws, containing several typical ordinances, partly of worship, prefiguring Christ, His graces, actions, sufferings, and benefits; and partly, holding forth diverse instructions of moral duties. All these ceremonial laws are now abrogated, under the New Testament.

XIX.4 To the Israelites as a political entity, God also gave various judicial laws, which expired together with the state of that people. Therefore, they do not now oblige any other people, further than the general equity thereof may require.

These statements do not refer to the Decalogue, which is of course still in force, and certainly not to modal norms either. The point is that the Decalogue does not contain positive laws; rather, it is an expression of the "moral" law, which

has two main points, one of which commands us to honor God with pure faith and piety; and the other, that we love men with true love and charity; for this reason, it is the true and eternal rule of justice, ordained for all men in any part of the world who live, if they wish to regulate their life according to the will of God. For this is the eternal and immutable will of God: that He be honored by all of us, and that we love each other mutually (*Institutes* IV, XX, 15).

For WdW, this law is valid and fundamental, but, of course, it does not exhaust the richness of the fullness of God's laws, norms, and commandments.

For WdW, even the Mosaic judicial laws —despite having been abrogated in detail as positive laws— contain valuable teachings that have been particularly recovered in the *Westminster Larger Catechism*. But, of course, there are many laws and norms that are not expressed in Scripture. Frame seems to think that this fact renders Scripture obsolete and believes that the distinction between positive law and natural law "implies that Scripture contains nothing that, in principle, could not have been discovered through the study of the law". However, this is the position of John Calvin concerning the moral law, which would be sufficient if the Fall had not taken place:

And as the Law of God, which we call moral, is nothing else but a testimony of the natural law and of the conscience which the Lord has imprinted in the heart of all men, there is no doubt that this equity of which we now speak is very well declared in it. Thus, this equity must be the sole target, rule, and end of all laws. (*Institutes* IV, XX, 16)

[...] Equity, *as it is something natural*, is always the same for all nations; and, therefore, all the laws in the world, concerning whatever it may be, must agree on this point of equity. (*Institutes* IV, XX, 15. Emphasis is mine)

Equity arises from self-love combined with love for one's neighbor and is expressed in the Golden Rule: "And as you wish that others would do to you, do so to them" (Luke 6:31).

For Calvin, the moral law expressed in Scripture is certainly a *new publication* of natural law, and he expresses this quite clearly:

Now, all that we need to know about the two Tables is in some way dictated and taught to us by that internal law, which we have said before is written and as if imprinted on the hearts of all men. (*Institutes* II, VIII, 1)

This does not mean that Scripture is superfluous or obsolete. Calvin himself states:

Yet man is so sunk in the ignorance of his errors that he finds it difficult by this natural law to taste even a little of what service and worship pleases God; evidently, he is very far from it. [...] Therefore, *due to the dullness and obstinacy of our understanding*, the Lord gave us His written Law, to more clearly and evidently testify to us what in natural law was more obscure, and to enliven our understanding and our memory, freeing us from our sluggishness. (Ibid. Emphasis is mine)

WdW takes all these clarifications as a starting point and would never claim that Scripture is reduced to ceremonial and judicial laws, or that it is obsolete. It only adds two additional points: not all possible norms for human life —let alone the laws for nature— are obtained directly from Scripture, and of course, it is necessary to apply the norms of Scripture or natural law to legislate and create positive norms. This is the responsibility of the legislative bodies of human institutions that want to operate according to the will of God.

§10 Religious Motive and Faith

Roy Clouser (2022: 28-29) defines the concept of religious belief in the following terms:

> A belief is a religious belief as long as:

(1) It is a belief in something as divine *per se*, no matter how this is further described, or

(2) it is a belief about how the non-divine depends on the divine *per se* or

(3) it is a belief about how humans come to be in an appropriate relationship with the divine *per se*,

(4) where the essential core of divinity *per se* is to have the status of unconditionally independent reality.

One of the most difficult concepts of WdW is the notion of basic religious motive. It is not merely a religious belief, although it certainly includes one, but "a spiritual force that acts as the absolutely central main spring of human society" (Dooyeweerd 1998: 9).

A basic religious motive is accompanied by a spirit that makes it powerfully operative in culture:

> There is a spirit directly operative in the basic religious motive. It is either the Spirit of God or the spirit of an idol. Man sees it as the unmovable origin and foundation of his existence and puts himself in its service. He does not control the spirit, but the spirit controls him. Therefore, religion specifically reveals to us our complete dependence on a higher power. We confront this power as servants, not as masters. (Ibid)

This means, in particular, that those under the dominion of the biblical religious motive are controlled by the Holy Spirit. Firstly, the Holy Spirit is the one who brings about regeneration leading to the new birth. Sometimes this event occurs without the mediation of the written Word, for example when the unborn or infants are regenerated (cf. *Institutes* IV, XVI, 6). However, it is very common for this transformation to occur through the written or preached Word, as Scripture undoubtedly refers to the Word as the power of God (1 Corinthians 1:18). The Word of God transforms not only faith but the whole heart: desires, feelings, understanding (Hebrews 4:12), and sometimes heals diseases of all kinds, mental and physiological. But not all functions of the soul or heart are identical to the function of faith.

For Calvin, faith in God is primarily trust, trust based on knowledge.[12] His own definition is as follows: "... a firm and certain knowledge of the will of God concerning us, founded upon the truth of the free promise made in Jesus Christ, both revealed to our understandings, and sealed upon our hearts through the Holy Spirit" (*Institutes* II, II, 7).

Of course, it is the power of the Holy Spirit that preserves and moves His people, particularly through Scripture. It is a power expressed in the conviction that the universe is contingent, created, and sustained by the God of Jacob, that "the chief and highest end of man is to glorify God, and fully to enjoy him forever," that this end is compromised by sin (accompanied by the conviction of sin imbued by the Holy Spirit), that the only way to be freed from the condemnation of sin is through Christ, and that Christ will restore all things. This conviction is continually renewed in the believer's heart by the power of the Holy Spirit and is one that drives obedience and action. I am not sure if this is what Frame calls the "raw power" of the Word, nor is it clear

---

[12] Cf. García de la Sierra (2022: 35).

why there should be a distinction between the Word of power and the word of text. Every Word of God *is a Word of power*, although it is perfectly clear that the Holy Spirit can operate without the mediation of Scripture.

The conviction described above is the basic religious motive of biblical Christianity. It is sometimes synthesized in the brief formula *creation-fall-redemption -consummation*. No one who is not moved by the Holy Spirit through this conviction can understand the Bible in a spiritual manner (cf. 1 Corinthians 2). 'Natural man' refers to a person who is not governed by this basic motive, but by some other, through which operates a spirit of idolatry.

Faith is, of course, an aspect, a function of the human heart, which is also transformed and redirected by the basic Christian motive. But, certainly, the teaching of WdW is that the entire heart is transformed by the Word of God, by Scripture itself when it is received in obedience and applied by the Holy Spirit. The Word of God does not transform only faith, but all aspects of man. This is a clear and firm teaching of WdW.

Frame confuses the thesis that one angle, a specifically theological focus on Scripture, concentrates on faith, with the idea (which no one holds) that Scripture is only limited to the realm of faith, or that it only speaks to the realm of faith, restricted to being a kind of regulatory code of faith itself. It is not *the Bible* that addresses only the aspect of faith in human life but rather *theology*, when abstracting it from other aspects of Scripture. But the object of theology is not merely faith, but the entire revelation of God in Scripture, and this is something that WdW takes for granted.

Frame attributes to WdW a series of statements that it would never make and are inconsistent with its principles:

> Theology is a special science: the science of the 'aspect of faith'. It is not a study of God, as God is beyond theoretical thought. It is not a study of the

Word of God, because the Word of God is also beyond theoretical thought. Nor is it a study of Scripture: because Scripture as a vehicle of the word of power is beyond theoretical study, and Scripture as a positivization of the norms of faith is directly valid only for its own culture and circumstances. (pp. 96 ff.)

Summarizing what has been said, the positions of WdW are actually the following:

1. Theology is indeed a special science, but its object is not exclusively faith, but the entire revelation of God. Its emphasis is on faith, as the Bible is precisely the revelation of God's covenant with humans and how humans should respond in obedience to that covenant, particularly in public worship.

2. Reformed theology, since John Calvin, has as its object of study the revelation of God, the nature of God as it relates to us (*Deus quoad nos*), and not the essence of God (*Deus in se*).[13]

3. The Word of God, in the three senses of the term, is not beyond theoretical thought, as it is the revelation of the nature of God. It is the object of systematic theology.

4. Scripture is the Word of God and is part of the revelation of His nature, as pointed out in (3).

5. Scripture is not primarily a legal code. I suppose Frame is referring to the ceremonial and judicial laws.[14] These are indeed abrogated.

§11 Philosophy and Theology Revisited

According to Frame, the meta-philosophy of WdW is as follows:

Philosophy is that science which shows the relationships between all other sciences. Philosophy gives a total worldview that shows the limits of human

---

[13] Cf. Helm (2004), chapter 1.

[14] Translator's note: Again, judicial here meaning "civil law". The civil law has been abrogated because it was the result of the moral law being applied to the nation of ancient Israel. He is not to be confused as stating that the moral law (the Ten Commandments) should not be applied today to our present context.

knowledge, the limits of each science, and the general structure of the universe. The philosopher, therefore, has the right to tell the theologian what he can and cannot do. [...] in this scheme, Dooyeweerd has essentially rejected the governance of Scripture over the philosopher, and has given the philosopher virtual final authority over faith and Christian life. (p. 97)

Frame adds that according to WdW the philosopher

can dictate to all other sciences what they can and cannot say; and he does not dictate on the basis of what Scripture says (never, as a philosopher, does he derive any content of thought from Scripture); rather he says what he says on the basis of his own experience and on the assertion of some uncertain 'divine power' that guides him in some way. (p. 99)

It is evident that Frame has not understood what the governance of Scripture over the philosopher entails, nor has he understood the meaning of the reference to the power of God.

The power of God's Word keeps the philosopher (as well as every believer) particularly in the conviction of monotheism: there is only one God, the God of Jacob in three persons, and everything else is created by God and depends on Him. The power of God's Word keeps the philosopher (as well as every believer) in the conviction that all authority and power, in heaven and on earth, has been given to Christ Jesus, and therefore social life has been divided into spheres so that there is no supreme authority other than that of Christ. Frame does not understand any of this; in fact, Frame has not understood *anything* about the meaning of WdW.

The philosopher can tell the theologian many things. For example, he can say that Platonism is a speculative metaphysical vision about the essence of God that completely misinterprets Scripture and deviates entirely from the Reformation guidelines for theological work. He can say that logical contradiction and lack of systematicity are not acceptable in any discourse. He can tell what are the ontological categories within which the theologian must work, for example, denouncing

Platonism or humanist presuppositions. And we have seen how these ontological categories are based on the power of God's Word, which keeps the faithful in the conviction of monotheism and the supreme authority of Christ.

Frame also criticizes the WdW philosopher for not spending all their time in academia doing apologetics. Of course, monotheism and arguments showing the unfeasibility of reductionism are general in philosophical discussion. However, when advancing towards political and social philosophy, it is impossible to formulate the sovereignty of spheres without reference to the supreme authority of Christ. The theory of modalities, in general, may be acceptable to all theists, but not so the sociological and political theories. As Clouser (2022: 218) points out:

> Since these additional applications of the theory will also make use of various New Testament teachings, the sociological and political theories … will not only be broadly theistic but specifically Christian.

§12 Epilogue

I hope that with this text I have cleared up Frame's confusions and answered his questions, some of which are relevant and interesting and prompt clarifications to the expositions of WdW. WdW is one of the most important schools of philosophy in the history of the discipline and, despite its human limitations, certainly aims to be built on the basis of obedience to Scripture. It seems to me that every Christian, particularly every Reformed or Presbyterian, should make an effort to understand its principles. In any case, criticism must be informed and serious.

REFERENCIAS
REFERENCES

La Santa Biblia, versión Reina-Valera 1960.

Los estándares de Westminster. Guadalupe C.R.: Editorial CLIR.

Alvarado, J. T. (2019), "Holismo nómico", *Tópicos*, no. 57: 12- 44.

Bolzano, B. (1837), *Wissenschaftslehre*. Sulzbach: J. E. v. Seidel.

Bunge, M. (1967), *Scientific Research I. The Search for System*. Berlín: Springer-Verlag.

Calvino, J. (1967), *Institución de la religión cristiana*. Rijswijk: Fundación Editorial de Literatura Reformada. *Institutes of the Christian Religion. Grand Rapids: Eerdmans.*

Clouser, R. (2022), *El mito de la neutralidad religiosa*. Niágara: Cántaro Publications.

Dooyeweerd, H. (1984) *A New Critique of Theoretical Thought* (4 vols.). Jordan Station: Paideia Press. Hay traducción al español de los primeros dos volúmenes: *Una nueva crítica del pensamiento teórico*. Jordan Station: Paideia Press.

—(1998), *Las raíces de la cultura occidental*. Barcelona: Clié.

Frame, John M. (1972), *The Amsterdam Philosophy: A Preliminary Critique*. Cleveland: The Pilgrim Press. Hay traducción al español: (s/f) *Crítica a la filosofía reformacional*. Villahermosa: Reforma Press.

Frege, G. (1879), *Begriffschrift. Eine der arithmetischen Nachgebildete Formelsprache des reinen Denkens*. Halle: Verlag von Louis Nebert.

—(1892), "Über Sinn und Bedeutung", *Zeitschrift für Philosophie und philosophische Kritik*, vol. 100: 25–50.

—(1893), *Grundgesetze der Arithmetik*. Jena: H. Pohle.

García de la Sierra, A. (2011), "Estructuras, sistemas modelo y aplicabilidad empírica", *Metatheoria*, vol. 1, no. 2: 29-37. En línea: https://metatheoria.unq.edu.ar/index.php/m/article/view/47

—(2022), *La naturaleza de la fe*. Xalapa: Universidad Veracruzana.

Gödel, K. (1930), "Die Volständigkeit der Axiome des Logischen Funktionen-kalküls", *Monatschefte für Mathematik und Physik*, vol. 37: 349-360.

—(1931), "Über formal unentscheidbare Sätze der *Principia Mathematica* und verwandter Systeme", *Monatschefte für Mathematik und Physik*, vol. 38: 173-198.

Helm, P. (2004), *John Calvin's Ideas*. Oxford: Oxford University Press.

Johansson, I. (2004), *Ontological Investigations*. Francfort: Ontos Verlag.

Orr, J. (1893), *The Christian View of God and the World*. New York: Anson D. F. Randolph & Co.

Revius, J. (1644), *Suarez repurgatus. Sive syllabus disputationum metaphysicarum Francisci Suarez. Cum notis*. Leiden: Franciscum Hegerum.

Spykman, G. (1991), *Reformational Theology: A New Paradigm for Doing Dogmatics*. Grand Rapids: William B. Eerdmans.

Strauss, D. (2019)), "The Antinomies Entailed in Dooyeweerd's Epistemolo-gical View of a *Gegenstand*", *Journal of Christian Scholarship*, vol. 55, nos. 1-2: 169-185.

Suárez, F. (1597), *Disputationes metaphysicæ*. Salamanca: Imprenta de Juan y Andrés Renaut.

Verdross, A. (1962), *La filosofía del Derecho del mundo occidental*. México: Universidad Nacional Autónoma de México.